Lucien DESLINIÈRES

A. FASTOUT

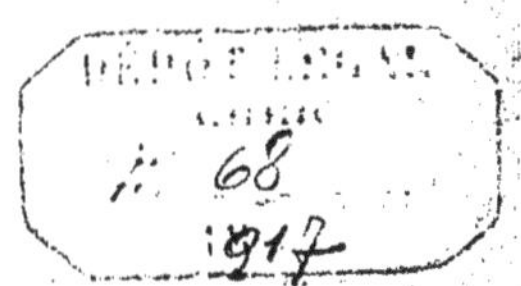

Organisons-nous

Solution des problèmes d'après Guerre

Organisation. — Compétence. — Responsabilité.

(PARIS 5e)

Mme GIARD & É. BRIÈRE

LIBRAIRES-ÉDITEURS

16, RUE SOUFFLOT ET 12, RUE TOULLIER

1917

Organisons-nous

Pour paraître prochainement :

LA FRANCE NORD-AFRICAINE

Projet de colonisation organisée

Par Lucien **DESLINIÈRES**

Un fort volume grand in-8.

L'auteur de cet important ouvrage justifie par des preuves concrètes, tirées de l'histoire de la colonisation française dans l'Afrique du Nord, les principes exposés dans Organisons-nous et la conclusion qui en découle.

Lucien DESLINIÈRES

A. FASTOUT

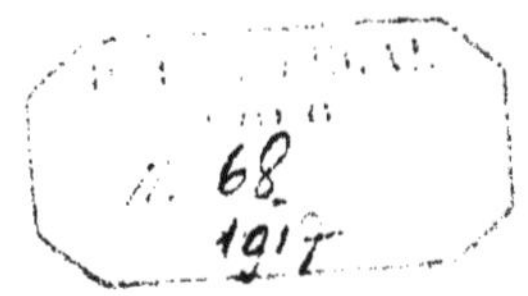

Organisons-nous

Solution des problèmes d'après Guerre

Organisation. — Compétence. — Responsabilité.

(PARIS 5e)
M. GIARD & É. BRIÈRE
LIBRAIRES-ÉDITEURS
16, RUE SOUFFLOT ET 12, RUE TOULLIER
1917

AVERTISSEMENT

Ce petit livre n'est pas une œuvre littéraire, mais un schéma où l'on s'est efforcé d'exprimer clairement beaucoup de pensées en peu de mots.

Le relèvement économique de la France, l'établissement d'une paix définitive, l'abolition de la part de souffrance humaine engendrée par la mauvaise organisation sociale sont des problèmes connexes, malgré leur apparente diversité. Nous avons pensé qu'il n'était pas de tâche plus importante que d'en rechercher la solution.

Pour enfermer un aussi vaste sujet dans un si petit nombre de pages, il fallait se résigner à n'en montrer que les grandes lignes, à sacrifier quantité de faits et d'arguments probants, à procéder par indications plutôt que par démonstrations. D'où un affaiblissement regrettable de l'idée nouvelle et hardie que nous voulons exposer.

Pourtant nous n'avons pas hésité, en songeant à l'impossibilité de faire lire un gros volume à une époque où les esprits sont aussi violemment agités. Nous nous sommes tenus à l'essentiel. Puisse-t-il être suffisant pour entraîner, à défaut d'une adhésion complète, la prise en considération de notre thèse et établir l'utilité d'un plus ample examen qui fera l'objet de publications ultérieures.

ORGANISONS-NOUS

SOLUTION DES PROBLÈMES D'APRÈS GUERRE

CHAPITRE PREMIER

AU LENDEMAIN DE LA GUERRE

La guerre se terminera par l'anéantissement du militarisme allemand. Personne n'en doute. Mais que sera le lendemain ? On ne peut songer sans effroi aux charges qui vont peser sur la France.

Dans la discussion des crédits provisoires qui a eu lieu à la Chambre fin mars 1917, il a été constaté que les dépenses annuelles, prévues au budget de 1914 pour 5.323 millions, allaient être élevées de 3.868 millions par les intérêts de la dette de guerre — en admettant la cessation des hostilités pour le 1er août 1917. Au total viendraient s'ajouter le montant des pensions qui serait, à la même date, d'environ 1 milliard 500 millions, plus une annuité de 300 millions pour la réparation des dommages de guerre. Total, 11 milliards.

Ces chiffres sont de beaucoup au-dessous de la réalité. Il n'est que trop évident, aujourd'hui, que les opérations militaires ne prendront pas fin le 1er août 1917, et avant le retour à l'état normal il s'écoulera une longue période de transition pendant laquelle les dépenses seront encore considérables. De plus tout le monde admet la nécessité d'une révision de la loi des pensions, trop étroite dans ses dispositions et dans son application. Enfin, le chiffre de 300 millions, pour les intérêts annuels de la somme nécessaire à la réparation des dommages, ne correspond qu'à un capital de 5 milliards dont l'insuffisance est manifeste.

On peut escompter, il est vrai, une réduction importante des dépenses militaires dans l'avenir; mais, par contre, il faudra bien, si l'on veut sauver la race, qu'on se décide à supprimer l'alcool de consommation, ce qui creusera dans les recettes un trou au moins équivalent.

Faut-il compter sur une indemnité de guerre? Oui, en principe ; mais l'agresseur, ruiné lui-même, pourra-t-il payer? N'oublions pas que d'autres nations auront à exercer des recours contre lui. Il sera donc prudent de ne pas en attendre grand'chose, et tout compensé, nous devrons nous estimer heureux si le montant de nos charges publiques n'excède pas 12 milliards par an.

Il est bien entendu que ce total ne représentera que les dépenses courantes, y compris la réparation des préjudices soufferts. La situation économique antérieure aura été rétablie, rien de plus. Or, ce ne sera pas suffisant, car pour ne pas être écrasé sous un tel fardeau, il faudra accroître considérablement nos ressources, et on ne le pourra que par de nouvelles dépenses.

L'ampleur du programme qui s'imposera comme une rigoureuse nécessité est effarante :

Développement des voies de communication terrestres et fluviales, de la marine marchande et des ports, renouvellement de l'outillage attardé des usines, utilisation intégrale des cours d'eau pour la force motrice et l'irrigation, reboisements, améliorations agricoles diverses, recherche et exploitation intensive des mines, etc., etc.

Cela, il faudra le réaliser largement, rapidement, si nous voulons vivre, maintenir notre place dans le monde, à côté des peuples rivaux qui nous ont devancés. Que de milliards exigera une pareille œuvre !

Et ce n'est pas tout : la mise en valeur de notre domaine colonial, à peine ébauchée, coûtera plus cher encore, par la double raison que sa superficie territoriale est plus grande et qu'il y reste beaucoup plus à faire. Comme contre-partie de ces sacrifices, on sera fondé, d'ailleurs, à escompter une augmentation de richesse supérieure à celle que pourra donner la métropole, où il reste moins de progrès à réaliser pour porter la production à son maximum. Et c'est pourquoi cette partie du programme ne pourra pas être négligée, quels qu'en soient les frais.

Pour cette tâche immense, les activités ne feront pas défaut. Celles qui s'étaient intensifiées dans les industries de guerre ne demandent qu'à soutenir leur allure accélérée en transformant leur production. Celles qui s'étaient ralenties faute d'aliments, en attendant le retour de la paix, se tiennent prêtes à d'énergiques efforts. Ce n'est pas en vain que la révélation d'une Allemagne supérieurement organisée aura démontré aux plus routiniers l'urgence d'une refonte de nos méthodes surannées. Une noble émulation s'est emparée de la France. Nous voulons, avec de meilleures armes, conquérir pour nos produits de nouveaux débouchés. Jamais l'esprit d'entreprise ne fut surexcité à un tel point. Partout on se prépare fiévreusement aux luttes économiques. De nouvelles sociétés se créent; les anciennes s'agrandissent; beaucoup se fédèrent pour former des groupements plus puissants. On dresse des plans, on cherche à s'assurer la main-d'œuvre, les matières premières et l'outillage nécessaires.

Par malheur on ne voit apparaître aucun programme d'ensemble. Les actions individuelles s'ignorent les unes les autres. Chacun, animé du désir généreux d'accroître la fortune nationale en faisant la sienne, a choisi la voie où il lui semble qu'il pourra gagner le plus d'argent, par les moyens dont il dispose. Ainsi, il arrivera forcément que, dans certaines branches, le but sera dépassé alors que dans d'autres il ne sera pas atteint. Tandis que des choses essentielles resteront à faire, la surabondance de divers produits amênera l'avilissement des prix et la mévente. Vers quel avenir nous conduit un mouvement aussi confus ?

Vraiment, il conviendrait de réfléchir un peu avant de s'élancer. On taxerait de folie un chef d'industrie qui se mettrait à produire sans s'être assuré de débouchés. Ce qui serait jugé absurde chez un particulier est-il sage de la part d'une nation ? N'est-il pas dérisoire, dans des circonstances aussi exceptionnelles, de partir en campagne sans autre idée que celle de refaire plus en grand ce qu'on faisait avant la guerre, sans chercher à retirer une meilleure leçon de cette cruelle expérience, en fermant les yeux aux difficultés nouvelles qui vont surgir, aux dangers qu'elles vont créer ?

Essayons, puisqu'il en est temps encore, d'examiner la situation, de mettre en lumière ses aspects menaçants, de dégager, tant des erreurs du passé que des conditions et des nécessités actuelles, une formule d'action qui donne aux efforts isolés, en les coordonnant, toute l'efficacité désirable.

CHAPITRE II

L'ÈRE DES DIFFICULTÉS

Tout d'abord la question financière va se poser avec une inquiétante acuité.

La France, très appauvrie en or, se trouvera infiniment trop riche en papier-monnaie. Si l'on ne parvient pas à faire rentrer cette énorme circulation fiduciaire dans ses limites normales, fixées par les valeurs réalisables qui doivent être sa garantie, si l'on doit maintenir le régime du cours forcé, il sera impossible d'éviter la dépréciation du billet de banque, ou, si l'on préfère, la diminution de sa puissance d'achat, déjà si sensible aujourd'hui. Et les conséquences seront désastreuses :

Renchérissement général de la vie, et par suite, de la main-d'œuvre, ainsi que des autres éléments de la production, matières premières, outillage, frais généraux ; d'où élévation des prix de revient et du coût des transports et infériorité dans les conditions de la lutte, sur les

marchés étrangers, contre des concurrents mieux placés.
Et si nos exportations sont ainsi paralysées, on ne pourra songer à améliorer le cours ruineux des changes, qui grève si lourdement nos importations.

L'une des répercussions de cet état de choses sera d'augmenter le chiffre des dépenses de l'Etat bien au delà des 12 milliards prévus plus haut. Où trouvera-t-on la matière imposable, dans un pays dont le revenu total a été évalué à 25 milliards ?

D'après les prévisions faites à la Chambre à la fin de mars 1917, la dette flottante devait, au 1er août suivant, s'élever à 46 milliards, chiffre énorme qui s'augmentera encore du fait de la prolongation de la guerre. Or quand on voudra la consolider, beaucoup de porteurs de bons et obligations de la Défense nationale réclameront le remboursement en espèces des fonds qu'ils n'ont entendu placer que temporairement, en attendant qu'ils en aient l'emploi. A moins de manquer à ses engagements, l'Etat devra donc encore emprunter à la Banque de France. Comment parviendra-t-il à se libérer envers elle ?

Si redoutables que soient ces difficultés, supposons cependant qu'on réussisse à les surmonter et que l'expansion économique de la France n'y trouve aucune entrave.

Nos nationaux vont suivre l'exemple des Allemands et s'efforcer de trouver à l'étranger des débouchés pour leurs produits et des champs pour leurs entreprises. Dans cette voie ils auront d'amères déceptions.

D'abord tous les autres pays, belligérants ou neutres,

auront reçu comme nous le coup de fouet de la guerre et chercheront également à développer leur commerce. La concurrence amènera dans beaucoup de cas la surproduction et l'engorgement des marchés.

D'autre part les peuples les moins industrialisés s'ingénieront de plus en plus à produire eux-mêmes ce qu'ils se procuraient au dehors. Et bien des débouchés se fermeront.

La France va trouver en face d'elle de formidables puissances économiques constituées en plusieurs blocs, dont chacun se protègera par des barrières douanières contre l'invasion de ses rivaux : bloc britannique, bloc germanique, bloc slave, bloc américain, tous bien plus forts qu'elle numériquement et territorialement. Cette crainte n'est pas chimérique. Nous voyons déjà l'Angleterre et ses colonies resserrer leur union, et la Mitteleuropa s'ébaucher en pleine guerre. Certes on mettra un frein aux ambitions teutonnes ; mais comment empêcher ce qui restera des empires centraux de s'entendre contre l'ennemi de la veille ? Quant à l'Amérique, moins éprouvée par la guerre, elle sera le plus dangereux des concurrents. Enfin l'immense Russie, qui réunit la moitié de l'Europe à la moitié de l'Asie, et dont l'activité va être notablement accrue par ses nouvelles institutions démocratiques, cherchera de plus en plus les éléments de son développement dans ses ressources propres qui sont aussi considérables que variées.

Ne comptons pas trop sur la reconnaissance des services rendus, sur la sentimentalité née des luttes soutenues en commun. L'intérêt prime tout. On paiera nos sacrifices en belles phrases, mais on n'abaissera les barrières devant nos produits que dans la mesure où on ne pourra pas s'en passer.

Rien de tout cela n'est absolu, assurément. Les portes ne se fermeront pas du jour au lendemain. Au prix d'efforts énergiques, nous maintiendrons nos exportations ; nous les augmenterons même, peut-être, pendant quelques années. Le refoulement ne se produira sans doute que plus tard et peu à peu. Mais il est inévitable. Et c'est pourquoi il serait d'une suprême imprudence de compter exclusivement sur l'expansion de notre commerce extérieur pour asseoir notre prospérité future.

Qu'une telle politique ait pu s'imposer à l'Angleterre, dont le sol exigu ne peut nourrir la population ; qu'elle ait pu lui réussir à raison de sa suprématie industrielle et maritime ; que l'Allemagne, ne pouvant malgré d'admirables progrès agricoles, subvenir aux besoins de sa consommation accrue, ait été, plus tard, poussée dans la même voie, et qu'elle y ait réalisé de gros bénéfices, ce n'est pas une raison pour copier servilement ces deux nations, nous Français, qui avons le bonheur de posséder un territoire fertile, parfaitement suffisant pour nous faire vivre dans l'abondance si nous savons en tirer parti, et à qui, d'ailleurs, nos colonies peuvent fournir un inappréciable supplément de ressources.

Obligatoire pour certains peuples, le commerce extérieur intensif est facultatif pour nous. Dès lors il s'agit de savoir si nous n'aurions pas beaucoup plus à gagner en nous attachant de préférence à mettre en valeur les trésors qui nous appartiennent et que nous laissons dormir.

Nous démontrerons tout à l'heure qu'au point de vue de la production de la richesse, nous ne pourrions rien faire d'aussi profitable. Mais en outre nous nous assurerions le plus précieux de tous les biens : la sécurité.

Evidemment les luttes de la concurrence resteraient toujours pacifiques si les grandes puissances n'intervenaient pas pour soutenir leurs ressortissants, en pesant sur les Etats plus faibles pour leur arracher des avantages divers, tarifs de faveur, concessions de chemins de fer, de mines, de ports, de monopoles, etc., etc. Mais de plus en plus les compétitions entre particuliers se transportent sur le terrain diplomatique et risquent de provoquer des conflits armés. N'est-il pas évident que la véritable cause de la guerre actuelle a été la politique d'expansion mondiale de l'Allemagne, la résistance que cette politique a provoquée, et la crainte de voir se fermer des débouchés qu'elle avait besoin d'élargir ?

Et comme les mêmes causes doivent produire les mêmes effets, le monde ne va-t-il pas au-devant de nouvelles catastrophes si les nations recommencent à produire sans frein pour l'exportation et sont ainsi amenées fatalement à user de contrainte pour imposer leurs produits ?

On objectera que si le militarisme prussien n'avait pas été le maître en Allemagne, les luttes économiques n'auraient pas dégénéré en guerre. C'est probable en effet. Mais alors ou l'Allemagne aurait réussi pacifiquement à imposer sa domination au monde et à le dépouiller graduellement de toute sa richesse ; ou, ce qui est plus probable, elle aurait été contrainte, après de longues et cruelles crises intérieures, à abdiquer ses prétentions impérialistes et à se replier sur elle-même, limitant sa production à la satisfaction de ses besoins.

N'aurait-elle pas été plus sage en commençant par là ? Et actuellement les peuples qui vont refaire leur organisation bouleversée par la guerre ne s'épargneraient-ils pas pour l'avenir de cruelles agitations, sinon de terribles cataclysmes, s'ils assignaient un tel but à leur activité ?

En tout cas nul ne peut le faire plus facilement que la France puisqu'elle est, grâce à l'appoint de ses colonies, en état de se suffire à elle-même. Il lui appartient donc de donner l'exemple.

En résumé nous avons, sans rien exagérer, montré les difficultés que rencontrerait le système, ou plutôt l'absence de système consistant à refaire au lendemain de la guerre, mais en plus grand, ce que nous faisions auparavant, à marcher plus rapidement, mais sans plus de direction, au hasard d'entreprises individuelles non coordonnées. Nous avons admis par hypothèse la possibilité d'obtenir ainsi un succès relatif et temporaire. Mais il faudra compter encore avec le plus redoutable des dangers : la révolution sociale.

Le prolétariat s'agitait déjà beaucoup avant la guerre que sera-ce au lendemain, avec les idées nouvelles qui auront envahi les cerveaux enfiévrés ? Croit-on qu'après avoir versé son sang pour défendre des biens dont il n'avait qu'une part infime, il va en laisser la tranquille jouissance à leurs possesseurs et se remettre au travail avec résignation ? Une telle illusion serait suivie de cruels réveils.

Ceux qui mettent leurs espoirs de relèvement économique dans le développement des exportations ne prennent pas garde que, pour multiplier les marchandises à vendre, il faut créer de nouveaux établissements industriels et étendre ceux qui existent, c'est-à-dire grossir les rangs de l'armée ouvrière, qui peut devenir l'armée de la révolution. Qu'est-il arrivé en Russie ? En passant de la terre à l'usine, les moujiks passifs et dociles sont devenus des révoltés, et un jour, poussés par la faim, ils ont jeté bas l'absolutisme.

Quelle va être la situation en France, à la paix, quand les industries de guerre seront arrêtées et que les autres n'auront pas encore pu reprendre leur marche, quand les allocations seront supprimées, quand les femmes auront cessé de gagner leur journée dans les fabriques de munitions, quand le moratorium des loyers aura pris fin, quand le coût de la vie aura doublé ou triplé, quand la faim prendra aux entrailles les poilus rentrés dans leurs foyers ? Pense-t-on qu'ils hésiteront à descendre dans la rue après avoir pendant trois ans bravé la mort dans les tranchées ?

Ne poussons pas le tableau trop au noir, cependant. Il sera peut-être possible, avec beaucoup de prudence et de grands sacrifices, de traverser sans trop d'encombres cette redoutable période de transition. Mais après ?

Il se peut que le mouvement ouvrier aboutisse à une explosion, il se peut aussi qu'il se traduise par une poussée lente ; mais cette poussée sera irrésistible. On ne l'arrêtera ni par la force ni par des concessions. La force ne servira qu'à le surexciter ; les concessions, loin de le désarmer, accroîtront ses exigences.

Le travail ne se contentera plus de la part que lui laissait le capital ; il en réclamera une meilleure, et quand il l'aura obtenue, il en voudra une encore plus forte. Il ne sera satisfait que quand il aura tout pris. Ne cherchons pas, pour le moment, à déterminer ce qu'il peut y avoir de légitime et d'arbitraire dans ses revendications. Prenons les faits dans leur réalité, observons les tendances et les actes des organisations syndicales ouvrières. Nul ne peut nier qu'ils ne soient dans ce sens.

Instruits, organisés, conscients de leur force, les ouvriers n'admettront pas qu'une partie des produits, si minime soit-elle, puisse être attribuée à des capitalistes oisifs. Il sera bien inutile de chercher à raisonner avec eux. Aux arguments de justice, de sentimentalisme, ils opposeront le brutal : *quia nominor leo*. Sous le régime du suffrage universel, une infime minorité de possédants, peut bien, par d'habiles manœuvres, tenir en échec pendant quelque temps l'immense majorité prolétarienne ; elle doit finir par succomber.

Les optimistes allègueront que la classe ouvrière proprement dite ne dispose pas de la majorité électorale ; qu'elle est et sera tenue en échec par les petits propriétaires et petits rentiers, unis aux commerçants et industriels pour la défense commune.

Soit ; de longues années pourront s'écouler avant que le prolétariat s'empare du pouvoir ; supposons même qu'il ne doive jamais y parvenir. En tout cas rien ne l'empêchera de jeter le trouble dans la production et les transports par les grèves générales ou partielles, le sabotage et autres formes de la violence. Plus il perdra espoir d'amener à ses conceptions la majorité des électeurs, plus il se jettera dans les voies révolutionnaires, plus seront fréquentes et dangereuses les secousses qu'il imprimera à l'ordre social.

Encore une fois il n'y a rien d'absolu dans tout ce qui précède : le don de prophétie n'appartient à personne. Et si nos hommes d'Etat ne brillent guère par l'ampleur des vues, ce sont en général d'habiles gens, qui excellent dans l'art de retarder par des expédients ce qui ne peut être conjuré.

Pourtant si l'on envisage froidement la situation dans ses divers éléments, si l'on considère la gravité et la multiplicité des difficultés dont les principales seulement viennent d'être énumérées, on arrive mal à croire que tout s'arrangera. Et comme l'insouciance n'est pas permise lorsqu'il s'agit des destinées de la France, tout le monde reconnaîtra, il faut l'espérer, qu'il y a quelque chose à faire pour écarter les dangers dont l'avenir est gros.

CHAPITRE III

UN PROGRAMME NATIONAL

Un écrivain qui, sous le pseudonyme Lysis, s'est fait apprécier dans les questions financières, a évalué à 40 milliards les capitaux exportés de France par l'action des établissements de crédit. Négligeons la question de savoir si ces placements ont été plus ou moins avantageux pour les bailleurs de fonds. Un fait reste certain, c'est que la France serait aujourd'hui beaucoup plus riche si, au lieu d'aller alimenter des entreprises étrangères, nos concurrentes, elle avait consacré ses énormes disponibilités à la mise en valeur du sol national et de ses colonies.

Personne n'oserait soutenir sérieusement qu'elles n'y auraient pas trouvé d'emploi. Nous allons d'ailleurs dans un moment prouver le contraire.

On a vu au chapitre précédent combien il nous sera difficile d'augmenter et même de maintenir le chiffre de nos exportations. Mais avons-nous besoin de tant exporter ? Oui, si nous continuons à importer beaucoup ; non, si nous faisons en sorte de produire chez nous ce que nous demandons actuellement à d'autres pays.

Est-ce possible ? Pour en juger, voyons un peu de près la consistance de nos importations :

D'après le rapport de la commission des valeurs de douane pour l'année 1913, les importations de la France, en 1912, se sont élevées, au commerce spécial, à un total de 8.231 millions, dont voici le détail pour les principaux articles, y compris les importations de nos colonies :

Céréales	84	millions
Riz	52	»
Pommes de terre	19	»
Vins	302	»
Eaux-de-vie, esprits et liqueurs	21	»
Bétail vivant	73	»
Viandes et graisses	54	»
Fruits et légumes	77	»
Beurres et fromages	68	»
Produits de la pêche	72	»
Sucres	131	»
Café et cacao	267	»
Laines	685	»
Soie et bourre de soie	319	»
Coton	567	»
Lin et chanvre	141	»
Peaux et pelleteries brutes	222	»
Graines et fruits oléagineux	366	»
Bois	192	»
Houille	501	»
Minerais	112	»
Caoutchoucs et gutta-percha bruts	219	»

Fils et tissus de laine...............	62	»
Tissus de soie......................	51	»
Fils et tissus de coton	92	»
Lingerie et vêtements...............	13	»
Peaux préparées et ouvrages en peau	104	»
Tabletterie, bimbeloterie, meubles...	53	»
Produits chimiques.................	234	»
Papier, carton, imprimés...........	85	»
Carrosserie et wagonnerie...........	32	»
Outils et ouvrages en métaux........	89	»
Total partiel...	5.359	

Ce chiffre est inférieur de 2.872 millions au montant global de nos importations dont il ne comprend que les principaux articles. Il serait trop long et d'ailleurs bien inutile d'énumérer tous les autres, le raisonnement applicable aux premiers l'étant à tous.

Observons d'abord que sur 8.231 millions d'importations, une part appréciable est fournie déjà par nos colonies. Elle s'élevait en 1912 à 887 millions ;

Ensuite qu'une notable partie de nos importations est nécessitée par nos exportations des mêmes produits. C'est une des bizarreries du système commercial actuel, basé sur le libre jeu des échanges, que nous envoyions au dehors des marchandises dont nous avons besoin, et que nous sommes obligés ensuite de faire rentrer chez nous à grands frais. Si on posait en principe que la France n'exportera que les excédents de sa consommation, le chiffre de ses importations s'abaisserait notablement et quelle économie on réaliserait sur les transports !

Cela posé, voyons s'il serait impossible à la France de produire sur son sol et dans ses colonies les marchandises qu'elle doit actuellement importer.

Par des perfectionnements acharnés apportés à ses méthodes agricoles, l'Allemagne, bien moins favorisée que nous par le sol et le climat, est parvenue en vingt-cinq années, à porter la moyenne du rendement à l'hectare :

Pour le seigle, de 10 quintaux à 17 qx 8 ;
Pour le froment, de 13 qx 4 à 20 qx 7 ;
Pour l'avoine, de 11 qx 3 à 19 quintaux ;
Pour les pommes de terre, de 87 qx 4 à 133 qx 4.

Tandis que la France en était encore, en 1911, aux rendements moyens suivants :

Seigle, 14 qx 3 ;
Froment, 13 qx 8 ;
Avoine, 12 qx 6.
Pommes de terre, 74 qx 2.

Durant la même période, l'Allemagne a porté sa production sucrière de 258.000 tonnes à 2.701.000 tonnes, alors que la France en est restée à 960.000 tonnes.

Avec les mêmes efforts que l'Allemagne, nous obtiendrions des résultats supérieurs aux siens, notre territoire agricole étant d'une surface presque égale et d'une qualité bien meilleure.

Mais nous avons de plus l'Afrique du Nord, prolongement de la mère patrie, et où presque rien n'a été fait, à côté de ce qu'il reste à faire. Nous pourrions en tirer une quantité immense de céréales et de bétail, notamment y développer suffisamment l'élevage du mouton pour alimenter de laines nos fabriques. Cela n'est pas une vaine affirmation ; mais la place nous manque pour prouver ces faits comme tous ceux que nous rapportons.

Si notre agriculture était à la hauteur des progrès réalisés en Allemagne, non seulement nous n'aurions à importer ni céréales, ni pommes de terre, ni vins, ni bétail, ni viandes et graisses, ni fruits et légumes, ni beurres et fromages, ni sucre, ni laines, mais elle pourrait pourvoir aux besoins d'une population infiniment accrue.

Le riz, nous le trouverions en Indo-Chine et à Madagascar ; nous aurions assez de chanvre et de lin en étendant nos cultures du nord et de l'ouest de la France aux dépens des céréales qu'on trouverait ailleurs.

Pour les eaux-de-vie, esprits et liqueurs, le mieux serait d'en interdire la consommation. En tout cas nous en aurions en surabondance, même en réservant l'alcool d'industrie pour d'autres usages.

En substituant des chalutiers modernes à nos antiques bateaux de pêche, en exploitant méthodiquement nos côtes si poissonneuses, entre autres le banc d'Arguin sur le rivage de la Mauritanie, nous ne manquerions pas de poissons ni de crustacés.

Le café, le cacao, le caoutchouc seraient fournis par nos colonies équatoriales si nous y faisions des plantations assez importantes.

Le Midi de la France et l'Afrique du Nord sont très favorables à la culture du mûrier et par conséquent à la production de la soie. C'est uniquement faute d'organisation que nos magnaneries sont en décadence.

On s'illusionne peut-être sur les possibilités cotonnières de l'Afrique du Nord ; mais le Soudan nous offre ses vastes ressources. Il résulte d'études sérieuses que le bassin du Niger pourrait devenir une nouvelle Egypte si des travaux d'irrigation y étaient exécutés sur une grande échelle. Nous y trouverions tout le coton pour lequel nous sommes tributaires de l'étranger. Et les huiles à retirer des graines du coton, ajoutées à celles qui proviendraient de l'extension des cultures de l'olivier, dans l'Afrique du Nord, de l'arachide dans l'Afrique de l'Ouest, et de bien d'autres plantes oléifères au besoin, nous permettraient de faire l'économie des 366 millions que nous consacrons à en acheter. Voilà près d'un milliard gagné du coup sur deux articles seulement.

Est-il besoin de dire qu'en produisant assez de bétail pour notre alimentation, nous aurions toutes les peaux que nous tirons actuellement de l'étranger ? Outre l'Afrique du Nord, Madagascar peut à cet égard nous fournir un contingent énorme.

Il y a 40 ou 50 ans qu'on parle de reboiser nos montagnes. On se borne à en parler. Si on l'avait fait, nous n'aurions pas besoin d'importer pour près de 200 millions de bois. Nos immenses forêts du Congo, de la Guyane, etc., si elles étaient exploitées, nous donneraient une quantité presque indéfinie des plus précieuses essences.

Après la Suède et la Norvège, la France est le pays de l'Europe le plus riche en houille blanche. Elle possède 9 millions de chevaux hydrauliques en eau moyenne, et de l'avis des techniciens les plus compétents, cette force pourrait être doublée en régularisant le cours des eaux et en procédant à des constructions appropriées. Or l'ensemble de la force motrice de toute origine, employée en France, ne s'élève, approximativement, qu'à 3 millions de chevaux. On voit que nous pourrions facilement nous dispenser d'acheter pour 500 millions de houille ! Tout en pourvoyant largement à nos besoins, même accrus, il nous resterait assez d'énergie disponible pour fabriquer d'immenses quantités d'engrais azotés, qui, ajoutés à nos phosphates algériens et tunisiens et aux sels de potasse dont nous allons posséder en Alsace de riches gisements, fourniraient à notre agriculture tous les éléments de fertilité qu'elle pourrait employer. Nous fabriquerions en même temps par l'électricité une partie de nos produits chimiques, le surplus étant obtenu par les autres procédés.

L'Afrique du Nord, la Guyane, la Nouvelle Calédonie, sans parler des autres colonies moins connues, sont assez riches en minerais divers pour pouvoir, avec le contingent supplémentaire que pourrait fournir la métropole, nous dispenser d'en demander à l'étranger.

On sait que notre exportation de fils, tissus, lingerie et vêtements est très supérieure à notre importation. Aucun inconvénient donc à faire disparaître celle-ci. Il en est de même pour la plupart des autres articles du tableau ci-dessus dont nous ne nous occupons pas spécialement.

Que le lecteur veuille bien, d'ailleurs, ne pas aller au delà de notre pensée : nous n'entendons nullement qu'on doive systématiquement proscrire les exportations et ruiner des industries prospères. La France est en possession de quasi monopoles de fait, qu'elle doit à la richesse de son sol ou à l'habileté de ses artisans, et qui sont pour elle une source de bénéfices auxquels il serait absurde de renoncer ; tels sont nos grands vins, nos phosphates, nos soieries, nos articles de Paris, nos objets d'art et de toilette, etc. Nous disons seulement qu'au lieu de porter nos efforts vers la recherche de nouveaux débouchés extérieurs ou le maintien de ceux qui nous échappent, il est infiniment plus prudent et plus avantageux de les diriger vers la production des objets que nous devons aujourd'hui importer. Nous disons qu'au lieu d'aller créer des ports, des chemins de fer, des canaux, des industries d'extraction ou de transformation à l'étranger, nous ferions de notre argent un usage plus fructueux en exécutant les mêmes travaux en France et dans nos colonies. Nous affirmons enfin qu'au lieu de prêter nos capitaux à des Etats ou à des banques ou à des entreprises étrangères, nous en tirerions un meilleur parti en les employant chez nous.

Outre les bénéfices plus certains et plus larges que la France trouverait en travaillant pour elle et chez elle, il faut faire état de l'accroissement de puissance résultant de ce que sa vie économique cesserait de dépendre des autres nations.

Ainsi ce programme vraiment national résoudrait tout naturellement l'une des trois graves difficultés signalées au chapitre II : celle de trouver des débouchés à une exportation de plus en plus développée. Il procurerait à la France, sans l'exposer à de redoutables aléas, le surcroît de ressources indispensable pour faire face à l'augmentation de ses charges.

Mais ne se heurterait-il pas aux deux autres écueils : la pénurie des capitaux et les dangers devant résulter des revendications ouvrières ? C'est ce que nous examinerons aux chapitres IX et X. Recherchons d'abord dans quelles conditions et dans quelle mesure peut être opérée ce que nous appellerons la mise en valeur intégrale de la France et de ses colonies.

CHAPITRE IV

NÉCESSITÉ D'UNE ORGANISATION

Dans le régime actuel, la vie économique est constituée par l'action des initiatives privées, agissant soit isolément, soit à l'état de groupements plus ou moins importants.

Le but de toute action économique est le profit. Par suite, là où il n'y a pas profit, il n'y a pas action.

Et entre deux actions possibles, celle où le profit semble devoir être plus grand est toujours choisie.

Quand le profit paraît certain, immédiat et considérable, l'action se produit toujours, même si elle ne correspond à aucun intérêt général, même si elle va contre l'intérêt général : ainsi de la fabrication et de la vente des alcools de bouche.

Par contre l'action ne se produit pas, alors même que l'intérêt général l'exigerait, si le profit paraît ou nul, ou insuffisant, ou trop aléatoire, ou trop lointain. Ainsi des travaux d'assainissement, de reboisement, etc.

L'action privée est autonome et irresponsable : elle n'a en vue que son avantage particulier. Un commerçant qui peut faire un achat à l'étranger, fût-ce chez l'ennemi de son pays, à meilleur marché que dans son pays même, n'hésitera pas. S'il peut vendre à 100 0/0 de bénéfice, dût-il affamer et ruiner ses compatriotes, il ne s'en fera pas scrupule.

Le simple rappel de ces principes connus de tous suffit à montrer qu'il est impossible de compter sur les initiatives privées, surtout si elles continuent à s'exercer dans les mêmes conditions, pour réaliser le programme national esquissé au chapitre précédent.

Ce qu'elles n'ont pas fait dans le passé, elles ne le feront pas davantage dans l'avenir.

Qu'on lise les comptes rendus des séances des Chambres de commerce et des nombreux groupements économiques constitués pour l'étude des problèmes d'après guerre. L'idée d'une coordination des efforts vers un but d'intérêt national n'y apparaît même pas. Chaque industrie s'y montre exclusivement préoccupée d'augmenter son chiffre d'affaires. Non seulement elle se désintéresse de tout ce qui ne la touche pas particulièrement, mais elle ferme les yeux sur les obstacles et les dangers pouvant résulter pour elle-même de la mauvaise situation générale du pays. L'inconscience est complète.

Pour quiconque a admis la nécessité de concentrer les forces économiques de la France sur un programme de mise en valeur de ses ressources métropolitaines et coloniales, il est évident qu'un changement de système s'impose.

A l'action isolée, dispersée, anarchique, il faut substituer l'action méthodique, organisée.

Mais que doit être cette organisation ?

L'Allemagne est un pays organisé. D'après le professeur Ostwald, ce que nos ennemis appellent culture ne serait que le génie de l'organisation. Ils lui doivent, c'est indéniable, leur prodigieux développement économique, et la force de résistance, non moins surprenante, qu'ils ont manifestée dans cette interminable guerre. Néanmoins nous ne pouvons la leur envier puisqu'elle a abouti au plus effroyable déchaînement de sauvagerie qu'ait subi l'humanité. Il faut s'inspirer de ce qu'elle a de bon en évitant ses funestes effets.

L'organisation allemande est un ensemble de mesures législatives et administratives, d'accords entre producteurs, transporteurs et commerçants, constituant une politique d'expansion mondiale dont le but est de préparer l'asservissement à l'Allemagne de toutes les autres nations, en déversant sur elles le fleuve toujours accru d'une production intensifiée, en y multipliant les établissements financiers, commerciaux, industriels et agricoles.

C'est l'Etat qui dirige cette politique. Tantôt il agit directement en créant et administrant chemins de fer, canaux, ports, etc., en exploitant ses mines, ses forêts, en mettant en valeur les terres stériles. Son domaine s'étend de plus en plus. Rien que les chemins de fer représentent un capital d'environ vingt-cinq milliards.

Tantôt il intervient pour discipliner les actions privées.

les empêcher de se nuire les unes aux autres par la concurrence, et les pousser, un peu par persuasion, un peu par contrainte, dans la voie du progrès scientifique.

Quelle que soit la force qu'aient conservé en France les vieux préjugés contre l'étatisme, il est impossible de concevoir l'organisation d'une nation autrement que par l'initiative de l'Etat. Il est, après tout, la nation elle-même ; il est le seul représentant qualifié de l'intérêt général ; il est le pouvoir législatif et exécutif. Depuis longtemps déjà, sous la poussée des nécessités inéluctables, et souvent contre le gré des gouvernants, il est amené à augmenter ses attributions, à multiplier ses ingérences dans les rapports économiques. Au lieu donc de s'entêter, contre la force de l'évolution moderne, à lui dénier tout droit d'intervention et toute capacité d'action, n'est-il pas plus sage d'accepter un élargissement de son rôle, et d'admettre qu'il peut se transformer pour s'adapter à la situation nouvelle ?

Insistons sur ce dernier point : l'Etat peut et doit devenir tout différent de ce qu'il est aujourd'hui. Sans quoi, personne ne songerait à lui confier de plus amples pouvoirs. L'Etat actuel, c'est l'inertie, la routine, l'irresponsabilité, l'incompétence. Il est représenté par une oligarchie bureaucratique dont chaque membre, exclusivement préoccupé de sa tranquillité et de son avancement, sait que le meilleur moyen de les assurer est de ne pas faire de zèle. Il est d'ailleurs régi par une réglementation vieillotte qui, comme une toile d'araignée, enlace et étouffe dans son filet mortel les initiatives qui, d'aventure, s'efforcent de se faire jour.

Nul progrès n'est donc possible si l'on ne trouve moyen de le refondre dans un nouveau moule et avec un meilleur métal. Mais cette opération ne présente aucune difficulté par elle-même.

Aussi, dans les esprits éclairés et non obstrués par les bas calculs de l'égoïsme, l'idée de confier à l'Etat transformé la direction du domaine économique s'impose de plus en plus sous l'influence des événements de ces dernières années. Le gouvernement lui-même s'y est rallié. Dans la séance de la Chambre du 29 mars 1917, M. Clémentel, ministre du Commerce et de l'Industrie, après un exposé de ses vues sur l'après guerre, qui se rapprochent beaucoup du programme national esquissé ci-dessus, a déclaré que l'industrie devait s'organiser avec l'assistance de l'Etat et a affirmé la nécessité d'une collaboration de l'Etat et de l'industrie.

Citons, d'après l'*Officiel*, quelques passages de son discours :

« A l'heure présente, le problème se pose ainsi : accroissement de la productivité nationale par toutes les ressources métropolitaines et coloniales, organisation de notre production..

« Il faut que les industriels, petits et grands, se groupent, non plus en cartels dominateurs, mais en plein accord avec l'Etat pour donner, en même temps que la prospérité à leur industrie, le meilleur prix possible au consommateur...

« J'espère fermement qu'après la guerre, des temps nouveaux viendront et que cette collaboration de l'Etat et de l'industrie se complètera par une collaboration étroite entre les industries et leurs ouvriers. »

Ainsi le principe est admis. Comment l'appliquer?

La force de la routine, la myopie intellectuelle qui empêche la plupart des hommes de concevoir un état de choses très différent de celui qui existe, retiennent malheureusement les plus résolus et les mieux intentionnés de nos dirigeants sur le terrain des demi-mesures, des solutions incomplètes. Ils sentent très bien que, sans la direction de l'Etat, les actions privées sont incapables de se coordonner. Ils ne se rendent pas compte que leur nature anarchique et le mobile exclusif d'intérêt particulier qui les oppose les unes aux autres les empêcheront toujours de se soumettre à cette direction.

Ceci comporterait une longue étude et une forte démonstration qui sortiraient du cadre restreint de cet ouvrage. Bornons-nous ici à appeler l'attention sur des faits actuels :

Les événements de guerre ont été un verre grossissant qui a rendu sensible à tous ce qu'en temps normal les esprits les plus clairvoyants étaient seuls à apercevoir.

La lutte de l'intérêt privé contre l'intérêt général a pris un caractère horrible, car l'intérêt général menacé c'était l'existence même du pays.

En Allemagne, malgré la discipline qui accroît l'autorité du pouvoir, aussi bien qu'en France et que partout ailleurs, nombreux sont ceux qui ont cherché à édifier leur fortune particulière sur les ruines de la patrie. Alors que, pour tenir, les nations belligérantes avaient besoin avant tout d'assurer au meilleur marché le ravitaillement de la population, les producteurs et les détenteurs de marchandises n'ont songé qu'à profiter des circonstances difficiles pour majorer scandaleusement les cours. La spéculation, l'accaparement ont sévi avec une fureur sans égale dans le passé. Rien ne paraissait plus naturel à ces mauvais patriotes que d'affamer le public pour augmenter leurs bénéfices. Afin d'assurer l'alimentation à des prix accessibles, les gouvernements de tous les pays ont dû acheter eux-mêmes, réquisitionner, taxer. Leurs efforts pour le salut commun ont été constamment contrecarrés par le mauvais vouloir des producteurs et des marchands. Et que dire de l'avidité écœurante des fournisseurs de guerre, vendant chèrement leur concours à la défense nationale, de l'augmentation fantastique des frets, des gabegies de toute sorte, révélées partiellement mais dont on ne connaîtra que plus tard toute l'étendue !

Tandis que les uns donnaient leur sang pour la patrie, les autres s'enrichissaient de ses désastres.

Insistons-y : le fait a été général. Tous les belligérants en ont été victimes. Chez les neutres, il s'est manifesté, en outre, sous une forme un peu différente, mais non moins répréhensible. Des pays comme la Hollande, dont le triomphe de l'Allemagne anéantirait l'indépendance, ou comme le Danemark, mutilé il y a cinquante ans par son redoutable voisin, malgré la répulsion que devait exciter chez eux la barbarie germanique, malgré les torpillages incessants dont leur marine était victime, se sont faits les ravitailleurs de ceux dont ils souhaitaient la défaite et ont ainsi prolongé les horreurs de la guerre. Les plus hautes considérations de morale et d'intérêt général ont fléchi devant la sordide convoitise des gros bénéfices !

Faut-il apporter des preuves de ce qui précède ? Hélas ! Elles rempliraient plusieurs volumes. Bornons-nous à une seule, bien caractéristique, que nous trouvons dans le *Temps* au moment où nous écrivons. La mémoire de nos lecteurs leur rappellera mille autres faits de ce genre qu'ils ont pu voir quotidiennement dans la presse de toutes opinions et de toutes nationalités :

« New-York, 14 juin 1917.

« Le Sénat américain s'est occupé hier de la question du papier et a voté une résolution demandant que, d'accord avec les autorités canadiennes, toutes les fabriques de papier de l'Amérique du nord soient placées sous le contrôle gouvernemental.

« Le prix du papier de journal a augmenté en effet de 50 0/0 en un an et les chiffres apportés devant le Sénat montrent que les fabricants ont réalisé, l'an passé, près de 100 millions de francs de bénéfice de plus qu'en 1915.

« La motion votée par le Sénat demande que toutes les manufactures de papier et de pâte à papier travaillent désormais pour le compte de l'Etat. »

Au moment où cet ouvrage va être mis sous presse, une preuve plus concluante encore de la nécessité de l'intervention de l'Etat pour mettre un frein aux abus de la spéculation nous est fournie par un homme considéré jusqu'à ce jour comme l'adversaire de l'étatisme, par un grand industriel, M. Loucheur, appelé à raison de ses hautes capacités au sous-secrétariat d'Etat des fabrications de guerre et du charbon, qui, à la tribune de la Chambre, le 20 juillet 1917, exposant la question du charbon, a déclaré :

« Je n'ai trouvé, à la situation actuelle, qu'un remède radical : c'est la mainmise complète par l'Etat sur les mines françaises et sur leur production, ainsi que sur tout le charbon importé d'Angleterre ».

Il faut donc être aveugle pour ne pas reconnaître aujourd'hui que l'intérêt privé est, par sa nature même, l'irréductible ennemi de l'intérêt public. D'où cette déduction logique qu'il est impossible de compter sur les actions privées pour exécuter le programme de régénération qui s'impose à la France. Et cette conclusion impérieuse qu'il faut faire disparaître les entreprises privées en les absorbant toutes dans une vaste entreprise nationale.

CHAPITRE V

L'ASSOCIATION NATIONALE

Evidemment l'idée est trop hardie pour ne pas surprendre et soulever de véhémentes oppositions.

Mais nous sommes à une heure grave où rien de ce qui est proposé pour le salut du pays et le bien de l'humanité ne doit être rejeté sans examen.

D'ailleurs, pour quiconque a pu réfléchir et observer le sens des transformations économiques qui s'élaborent incessamment autour de nous, une telle conception n'a rien d'inattendu : l'évolution nous y conduit tout droit.

Les progrès de la science, en créant dans toutes les branches de la production et des transports un outillage plus puissant et plus coûteux, ont entraîné la substitution graduelle des grosses entreprises aux petites.

Aux patrons agissant individuellement ont succédé des sociétés anonymes de plus en plus importantes.

Et celles-ci se sont fédérées sous forme de trusts, de cartells et de syndicats.

Les grands magasins et les maisons à succursales multiples ont pris la place de beaucoup de détaillants.

Les grands Etablissements de Crédit ont fait disparaître une foule de petites banques. Les survivantes ont dû se syndiquer pour résister.

On a essayé, contre toute évidence, de nier cette concentration en affirmant que le nombre des petits commerçants, des petits propriétaires, des petits industriels est plus grand que jamais. On fait dire tout ce qu'on veut aux statistiques. Mais en supposant que ce soit vrai, que les petites entreprises restent aussi nombreuses et même que le total de leur chiffre d'affaires se soit légèrement élevé, on n'en constate pas moins que l'accroissement énorme de la production et du commerce n'a profité qu'aux grosses firmes. Celles-là ont marché à pas de géant, tandis que les petites piétinaient sur place. C'est donc aux premières qu'appartient l'avenir.

Le vice-chancelier de l'empire allemand, Helfferich. dans son ouvrage : *La prospérité nationale de l'Allemagne de 1888 à 1913*, loin de contester la concentration des entreprises, l'affirme et la prouve par des chiffres irréfutables. Seuls les ignorants et les aveugles volontaires peuvent aujourd'hui la mettre en doute.

Mais où s'arrêtera cette concentration ? Sa limite est évidemment l'absorption de toutes les entreprises en une seule qui serait forcément la Nation elle-même.

Voici un autre aspect de l'évolution, plus significatif encore. Nous en empruntons la description au même Helfferich, page 32 de l'ouvrage qui vient d'être cité :

« Le développement de l'autre forme de la concentration du travail, la concentration en une seule entreprise des diverses opérations de la production, donne des résultats tout aussi surprenants. Les usines de production des matières premières et accessoires se sont associées, de plus en plus, à celles de la transformation de ces matières ; les établissements qui fabriquent les demi-produits trouvèrent de plus en plus des avantages à s'occuper aussi de la fabrication des objets finis ; les établissements de production s'adjoignirent des entreprises de transport. Ce changement ne s'est pas seulement produit dans l'industrie, mais aussi dans l'agriculture où les laiteries, les distilleries, les brasseries, les sucreries sont devenues de plus en plus des dépendances des grandes entreprises agricoles. Dans l'industrie, le fait le plus saillant est l'association des mines et des usines, association singulièrement encouragée par l'existence des grands syndicats ; les établissements mixtes ont remplacé presque totalement les charbonnages et les usines simples. Les entreprises gigantesques, telles que celles de Krupp, ont à la fois des charbonnages, des fours à coke, des mines et des usines. Elles transforment le fer et l'acier, fabriquent des machines, des canons, des munitions et des blindages ; en outre, elles possèdent des usines électriques, des chantiers, une flotte fluviale et maritime pour le transport du charbon et du minerai ».

En France, où l'organisation est à ses débuts, le même mouvement se fait sentir ; mais il y est moins sensible.

Signalons d'autres entreprises annexes qui, dans un grand nombre de cas, se greffent sur les principales :

Les grands établissements industriels construisent eux-mêmes leurs bâtiments ; ils créent des cités ouvrières et des économats pour pourvoir à bon marché au logement et à l'alimentation de leur personnel ; ils en assurent les services d'hygiène.

Ils organisent eux-mêmes la vente de leurs produits aux consommateurs.

Ils sont le plus souvent leurs propres assureurs et leurs propres banquiers.

Ils arrivent ainsi à augmenter leurs bénéfices en supprimant les intermédiaires inutiles qui en retenaient une large part.

Pourtant si puissantes que soient les entreprises privées, le champ de leur action a des limites. N'est-il pas évident qu'une entreprise nationale qui réunirait en un seul faisceau toutes les énergies obtiendrait des avantages encore supérieurs ?

Mais que deviendraient les intérêts privés ?

Ils seraient associés au lieu d'être rivaux, et loin d'avoir à souffrir de la transformation, ils ne pourraient qu'y gagner, les forces gaspillées stérilement dans les luttes de la concurrence étant désormais solidarisées dans l'intérêt commun.

Puisque les sociétés anonymes, devenues déjà si fortes, ont éprouvé le besoin de fusionner dans des trusts ou groupements analogues, ne peut-on envisager le trust des trusts, l'association intégrale du capital et du travail qui réunirait tous les biens et toutes les personnes, harmoniserait les intérêts et coordonnerait les efforts ?

Pour se représenter une telle association, point n'est besoin d'imaginer des formes légales nouvelles. Elle peut parfaitement tenir dans le cadre d'une simple société anonyme.

Les économistes de toutes écoles enregistrent la transformation rapide des valeurs immobilières en valeurs mobilières. Les actions, obligations, titres de rente, qui existaient à peine il y a un siècle, représentent aujourd'hui la plus grande partie de la fortune publique. La propriété n'est pas abolie pour cela : elle est modernisée.

Eh bien, il suffit de pousser cette évolution jusqu'à son terme final, de convertir d'un coup toute la fortune immobilière, industrielle, commerciale de la France en fortune mobilière en la faisant entrer dans la grande société anonyme nationale en échange d'actions d'apport.

Grosse opération, à coup sûr, mais nullement difficile, en somme.

Aux lecteurs timorés qu'une telle idée pourrait effrayer, nous ferons observer qu'elle n'est même pas nouvelle. Elle a déjà été réalisée... aux antipodes.

L'*Echo de Paris*, peu suspect aux conservateurs, publie dans son numéro du 13 juin 1916, et sans en paraître le moins du monde scandalisé, une interview de M. Hugues, premier ministre australien, où nous lisons ces lignes :

« L'Australie tend de plus en plus à devenir une sorte de Compagnie par actions, où chaque habitant naît actionnaire ».

La nécessité d'intéresser les ouvriers aux bénéfices des entreprises qu'ils mettent en œuvre, pour éviter de dangereuses agitations, est depuis longtemps reconnue. Nombre d'industriels l'ont fait spontanément. Le gouvernement avait élaboré avant la guerre, pour généraliser cette tendance, un projet de loi créant des actions de travail. Ce projet a été réalisé par la loi du 26 avril 1917 qui autorise l'addition de ces actions aux actions de capital. Elles donnent droit pour les ouvriers à une représentation aux assemblées générales et au Conseil d'Administration et à une part dans les bénéfices et dans l'actif de liquidation. Cette importante innovation n'est-elle pas un acheminement très marqué vers la mesure, plus générale évidemment, mais inspirée du même esprit, que nous préconisons ici ?

Ainsi tous les Français seraient actionnaires de la Société Nationale ; les uns comme porteurs des actions d'apport représentant leur actif net au jour de la constitution, les autres recevant des actions de travail.

Les statuts de la société s'appelleraient Constitution.

Les actionnaires nommeraient les administrateurs qui formeraient le Parlement.

Celui-ci nommerait le président du Conseil d'administration qui serait le président de la République et les administrateurs délégués qui seraient les ministres.

Le contrôle, assuré par les commissaires des comptes, serait fortement organisé ; son rôle serait important.

Rien de bien extraordinaire dans tout cela, on en conviendra.

Nous n'avons nullement la prétention de régler tous les détails de cette organisation. Il nous suffit de montrer qu'elle ne se heurte à aucune difficulté fondamentale. A cela quelques explications suffisent :

Tout d'abord constatons — en nous réservant de l'établir plus loin — qu'en donnant à l'administration des affaires nationales la base des grandes affaires privées actuelles, nous y introduisons, du haut en bas de l'échelle, ce qui assure le succès de ces dernières quand elles sont bien conduites : la compétence, la responsabilité.

Rassurons ensuite ceux qui pourraient redouter de la transformation indiquée un trouble profond dans la vie intime : il ne saurait être question de détruire la famille ; le foyer doit rester intact. Par suite tous les meubles meublants et en général tous objets d'usage personnel seront exclus de l'apport et réservés à leurs possesseurs, ainsi que les locaux où ils se trouvent.

Toutes les sociétés ont pour but un partage de bénéfices. Or, comme on le verra plus loin, une société nationale ne peut pas avoir pour but la réalisation de bénéfices ; elle ne peut répartir que des produits. Pour les répartir elle doit avoir un signe de la valeur, ou monnaie. Cette question sera également traitée plus loin. Nous n'avons à parler ici que des bases du partage.

Chaque citoyen actif touchera deux parts, l'une comme actionnaire, au prorata de ses actions, l'autre en échange des services qu'il rendra à la société par son travail.

Le travail ne sera pas obligatoire. Ceux qui s'y refuseront devront se contenter de la part de produits affectée à leurs actions.

La rémunération des services rendus par le travail sera proportionnelle à ces services et non pas égale pour tous. Ce point particulier comporterait de grands développements. Bornons-nous à dire que la Société Nationale n'aura pas plus de difficultés à rémunérer son personnel que les trusts d'aujourd'hui. Nous verrons plus loin qu'il lui sera facile de le faire avec plus d'équité en donnant satisfaction à tous les besoins.

Certaines personnes arrivent actuellement à se créer par l'exercice de leurs professions des bénéfices très supérieurs au revenu de leur actif net. Dans beaucoup de cas les services qu'elles pourront rendre à la société ne leur vaudront pas une rémunération aussi élevée. Elles perdraient donc à la transformation. Mais cela ne devra pas être, l'un des principes essentiels du nouvel ordre de chose étant que nul ne doit perdre à son instauration. On érigera donc en règle que la rémunération des services sera au moins égale à la moyenne des bénéfices des dernières années.

L'attribution d'une part des produits aux actions d'apport constituera évidemment un privilège pour leurs porteurs. Privilège très légitime, puisqu'il n'est que la représentation de leur fortune antérieure, mais qui ne saurait s'éterniser sans blesser l'esprit de justice. Il ne faut pas deux catégories de citoyens dans un Etat ; chacun ne doit y avoir droit aux produits que dans la mesure du travail utile qu'il fournit.

On conciliera les deux nécessités et on ménagera une transition très suffisante entre l'ancien et le nouveau régime en instituant un amortissement des actions d'apport dans un nombre d'années à déterminer, ainsi que le font actuellement beaucoup de sociétés.

Les actions sorties au tirage seront remboursées en monnaie et n'auront plus droit aux produits. On verra plus loin que la monnaie ne fera pas défaut et que sa solidité ne laissera rien à désirer.

Quand toutes les actions d'apport seront amorties, chaque citoyen ne sera plus porteur que d'une seule action qui sera la base de son droit de participation à la gestion du patrimoine commun. A ce moment, chacun n'aura naturellement qu'une voix délibérative pour l'élection des administrateurs. Mais il conviendra de ne pas attendre que l'amortissement soit fini, ni même commencé, pour appliquer ce principe. Les assemblées générales se confondront en effet avec les consultations du suffrage universel et nul ne peut songer à remettre en question les conquêtes de la démocratie en faisant revivre l'inégalité des droits politiques.

CHAPITRE VI

LA FIN DU RÉGIME DU PROFIT

Pour comprendre la structure et le fonctionnement de la Société Nationale et mesurer l'importance de la transformation qu'elle réalisera, il faut avant tout se pénétrer de ce fait qu'elle mettra fin au régime du profit.

Mais ici une courte explication est nécessaire : le profit qu'il s'agit de supprimer, ce n'est nullement l'avantage que constitue la rémunération légitime du travail et des services, si large qu'elle puisse être, mais simplement le bénéfice commercial, c'est-à-dire l'excédent du prix de vente sur le prix de revient.

C'est vers la poursuite du profit qu'aujourd'hui toutes les activités sont tendues.

Dans la mesure où elles concourent à la création des produits nécessaires à l'existence, il est clair qu'elles servent en même temps l'intérêt général.

Mais à partir du moment où ces produits deviennent des

marchandises qui passent de mains en mains en subissant à chaque changement une majoration de prix, les activités consacrées à ces opérations vont à l'encontre de l'intérêt général, en limitant les facultés de consommation par un renchérissement artificiel.

Les économistes ont beau s'évertuer à nous démontrer que la circulation crée la richesse ; il est trop évident qu'elle ne fait que la déplacer.

La valeur vraie, c'est l'utilité : un sac de farine vendu 70 francs ne fait pas deux fois plus de pain et ne nourrit pas deux fois plus d'hommes que s'il était vendu 35 francs.

Tous les bénéfices réalisés par l'industriel au-dessus de son prix de revient, par le commerçant au-dessus de son prix d'achat, par les commissionnaires et courtiers qui sont les agents de ces transactions inutiles, par une infinité d'autres intermédiaires parasites, sont pris dans la poche des consommateurs.

La Nation ne serait donc pas moins riche globalement si les produits fabriqués étaient livrés directement à prix coûtant à ces derniers.

Elle le serait même beaucoup plus, car les intermédiaires ne trouvant plus à gagner leur vie dans le trafic, la gagneraient en travaillant à la production qu'ils accroîtraient d'autant.

Le nombre excessif des intermédiaires qui ne produisent pas et vivent sur la production des autres est un poids mort lourd à porter. Que de forces perdues ainsi ! quel appauvrissement pour un pays !

Il est juste de reconnaître que ce raisonnement ne s'applique pas entièrement au commerce extérieur d'exportation : celui-là, évidemment, accroît la fortune générale du pays de la totalité des fortunes particulières qu'il a créées. On ne saurait donc le condamner, dans les limites où il trouve à s'exercer. On peut craindre seulement — voir chapitre II — que ces limites ne se restreignent de plus en plus.

Pourtant la pratique du commerce avec bénéfices est aussi ancienne que les sociétés humaines; mais ce n'est pas là un argument en sa faveur. Qu'elle ait été nécessaire tant que ces sociétés ne se sont pas élevées à la conception d'une organisation rationnelle, on ne peut le contester. Mais comment justifier la survivance d'une institution parasitaire, lorsqu'il est établi qu'elle ne répond plus à aucun besoin?

Jusqu'à présent, le régime du profit n'a fait que se perfectionner : la concentration croissante des entreprises, les ententes établies entre celles d'une même catégorie, n'ont eu pour but que de stabiliser les bénéfices et de les rendre encore plus forts. En effet ces accords entre un petit nombre d'entreprises similaires qui dominent le marché sont conclus pour supprimer la concurrence et pour imposer à la fois des prix de vente élevés au consommateur et des conditions de travail aussi réduites que possible à la main-d'œuvre.

Mais à partir du moment où les grandes entreprises sont absorbées à leur tour dans l'entreprise nationale, le but de l'activité humaine change brusquement : il ne peut plus être le profit.

Pourquoi la Nation chercherait-elle à gagner sur ses membres, puisqu'elle se confond avec eux ? A qui iraient les richesses accumulées par la continuation du système des bénéfices ? Il faudrait les répartir entre les citoyens. Ne serait-il pas plus simple de les leur laisser ? On verra d'ailleurs plus loin qu'à la différence du régime actuel, sous lequel nul programme de grands travaux ne peut être exécuté si l'on n'a pas en caisse les capitaux représentant sa dépense, l'association nationale, disposant de la totalité de la main-d'œuvre et des capitaux-matières, n'aura nul besoin des capitaux-argent.

Ainsi donc les objets nécessaires à la vie seront livrés aux consommateurs au prix de revient, comprenant naturellement les frais généraux de fabrication, de transport, de répartition et même les frais d'administration générale du pays. Ce sera réellement le prix coûtant.

Quant au commerce extérieur, il aura plutôt le caractère d'un échange des produits que la France peut fournir à l'étranger contre ceux qu'elle a besoin d'en tirer. Tant que les autres nations maintiendront le système du profit, nous serions dupes en le supprimant de notre côté. Mais lorsqu'elles y renonceront, nous n'hésiterons pas à y renoncer aussi.

CHAPITRE VII

PHYSIONOMIE DE L'ORGANISATION NOUVELLE

Essayons de nous représenter les grandes lignes de l'organisation nouvelle :

Son but n'étant plus de réaliser des bénéfices, mais de pourvoir dans la plus large mesure possible et avec le minimum d'efforts aux besoins de l'homme, l'association nationale va appeler la science à son aide et utiliser intégralement les moyens de plus en plus perfectionnés qu'elle crée chaque jour pour intensifier la production.

En agriculture, le morcellement excessif du sol qui s'oppose à l'emploi des machines est supprimé ; les clôtures jalousement entretenues qui séparaient les petites parcelles sont arrachées ; on forme de vastes champs où l'outillage moderne permet de réduire les frais de culture avec de meilleurs rendements.

En industrie tous les petits ateliers, même les usines d'importance moyenne, sont remplacés par de vastes établissements pourvus des machines-outils les plus puissantes et dont chacun est spécialisé dans une seule fabrication, ce qui permet de produire toutes les pièces en série au moyen d'un outillage automatique abaissant le prix de revient dans d'énormes proportions.

Tous les petits et moyens magasins de commerce, les maisons de gros et de demi-gros sont également supprimés. Chaque localité, selon son importance, a un ou plusieurs magasins pour la vente au détail. Le plus souvent les magasins reçoivent les produits directement des usines de fabrication. Des entrepôts régionaux conservent les produits agricoles récoltés une seule fois pour la consommation de toute l'année. Ils constituent même des réserves pour équilibrer les récoltes trop variables.

Tous les travaux publics : chemins, routes, voies ferrées, canaux, ports, captage des forces hydrauliques, etc., sont étudiés et exécutés par la Société Nationale, ainsi que la construction des usines, entrepôts, bâtiments agricoles, industriels, administratifs, et bâtiments d'habitation.

La Société Nationale assure les transports terrestres par ses chemins de fer et autres moyens, les transports fluviaux et maritimes par sa flotte construite par elle.

Elle exploite les mines, forêts, pêcheries etc.

Les établissements de chaque branche industrielle sont rattachés à une direction centrale. Les directions de toutes les branches sont rattachées au ministère de l'Industrie.

De même la direction de tous les services agricoles est

centralisée au ministère de l'Agriculture et celle de tous les services de répartition au ministère du Commerce.

Les statistiques annuelles permettant de connaître exactement l'importance de la consommation de chaque article, le conseil d'administration, ou Parlement, dresse chaque année le budget de la production qui doit correspondre aux besoins, avec des prévisions légèrement supérieures pour éviter tout mécompte. Naturellement il est tenu compte des produits à importer et à exporter.

Le budget de la production étant dressé, chaque ministre répartit le travail entre ses services ; chaque service le répartit entre ses établissements. Et la production s'effectue avec une parfaite régularité, sans aucune des crises d'accélération ou de ralentissement qui, sous le régime actuel, viennent y jeter la perturbation.

Chaque usine sait quelle mine lui fournira ses minerais, son combustible, quels autres services lui fourniront tout ce dont elle aura besoin. Les commandes passées au commencement de chaque exercice seront rarement modifiées par la suite.

La livraison par un service à un autre de matières premières ou d'objets fabriqués ne donnera lieu à aucun mouvement de fonds : une simple facture de débit constatera les sorties et les entrées.

Les services de transports se borneront à constater les quantités reçues et livrées, sans percevoir aucune taxe.

Les prix de vente aux consommateurs étant exactement les prix de revient, ne subiront plus les fluctuations actuelles de l'offre et de la demande, correspondant à l'abondance ou à la rareté de chaque produit. D'ailleurs il n'y aura jamais surabondance ni insuffisance, la production étant réglée sur la consommation. Les prix de vente seront fixés tous les ans par le budget de la production. Ils ne seront pas invariables, cependant : ils s'abaisseront chaque fois qu'un nouveau progrès de la technique permettra de diminuer les prix de revient.

Comme il n'y aura plus d'entreprises privées, il n'y aura plus de banques, plus d'actions ni d'obligations, sauf les actions de la Société Nationale. Plus de Bourse des valeurs, par conséquent, ni de Bourse du Commerce puisqu'il n'y aura plus de marché, la Nation étant l'unique producteur et l'unique vendeur.

Le crédit, si nécessaire aux affaires actuelles, base fictive et purement conventionnelle d'ailleurs, qui cause tant de désastres et expose à tant de dangers, n'aura plus de raison d'être. La Société Nationale n'aura que faire d'emprunter. Quant aux particuliers, pourquoi emprunteraient-ils, alors qu'ils ne pourront plus faire d'entreprises et que, d'autre part, chacun pourra toujours par son travail ou le produit de ses actions nationales pourvoir largement à ses besoins ? Donc plus de prêts à intérêts, de commandites, etc.

Plus d'assurances contre l'incendie, la grêle, les accidents divers : la Nation sera son propre assureur pour tout ce qu'elle possédera. Elle indemnisera intégralement les particuliers de toutes pertes accidentelles, en vertu de la solidarité sociale. Plus d'assurances sur la vie, de sociétés d'épargne et de capitalisation. L'épargne et la prévoyance cesseront d'être des vertus et des nécessités, lorsque la mort prématurée du chef de famille ne laissera plus sans appui ceux qui resteront après lui, comme on le verra plus loin.

Ce chapitre gagnerait à être beaucoup développé. Mais le cadre de l'ouvrage nous resserre, et d'ailleurs des questions importantes qui y auraient leur place seront traitées aux chapitres suivants.

CHAPITRE VIII

AUGMENTATION DE LA RICHESSE GÉNÉRALE

Voici le chapitre culminant de ce petit livre. Nous le recommandons tout spécialement aux lecteurs de bonne foi et de bonne volonté.

La forme supérieure d'organisation que nous exposons sommairement a essentiellement pour objet d'accroître dans de fortes proportions la richesse générale, de façon à ne pas être obligé de porter atteinte au luxe des heureux du monde pour pouvoir donner une part satisfaisante à ceux qui en ont été jusqu'à présent les déshérités.

Si ce but est atteint, toutes les objections de détail tombent d'elles-mêmes, car nul ne peut se laisser détourner par des considérations secondaires d'un résultat aussi considérable.

Or il sera atteint, pleinement, surabondamment, et nous espérons que dans l'esprit de nos lecteurs les plus attentifs la preuve en est déjà faite.

Comment la substitution, dans toutes les branches de la production, des méthodes techniques les plus scientifiques aux procédés arriérés qui sont la règle dans les petites entreprises, tiennent encore tant de place dans les moyennes, et se rencontrent jusque dans les grandes, ne multiplierait-elle pas les fruits du travail ?

Non seulement l'effort de l'homme deviendra, par le concours de la machine, infiniment plus productif, mais le nombre des hommes travaillant à la production sera considérablement accru par la suppression des intermédiaires qui pullulent sous le régime actuel.

Chacun comprend qu'un magasin unique, n'ayant aucune préoccupation d'attirer le client par les trucs de la réclame, débiterait autant de marchandises que toutes les petites boutiques d'une localité, avec trois ou quatre fois moins de personnel.

De plus tous les commissionnaires, courtiers, voyageurs de commerce, placiers, gens de banque, de bourse, d'assurances, tout le commerce de gros et de demi-gros, tous les hommes d'affaires, tous les industriels petits et grands et leurs employés etc., disparaîtraient.

Enfin le temps perdu en chômage, faute d'organisation du travail, serait utilisé.

Pour ne parler que de la France, l'un des auteurs de ce livre a établi par une minutieuse étude statistique, publiée il y a vingt ans et dont les chiffres, très commentés, n'ont jamais été contredits, que les forces perdues pour les diverses causes ci-dessus énumérées représentent 40 0/0 du travail de la population active du pays ; défalcation faite, bien entendu, des éléments qui seraient utilisés dans l'organisation nouvelle. La perte de 40 0/0 est nette, et c'est un minimum.

Evidemment la plupart des intermédiaires supprimés ne deviendraient pas, du jour au lendemain, des producteurs utiles. On ne devrait en attendre qu'un médiocre rendement. Mais après une génération, ces mauvais éléments se trouveraient éliminés et toute la jeunesse serait entraînée au travail fécond. C'est alors que l'organisation battrait son plein et montrerait toute sa puissance.

Et cette puissance serait telle que, très rapidement, on arriverait non seulement à atteindre, mais à dépasser les quantités nécessaires à la satisfaction de tous les besoins dans la mesure la plus large.

On devrait limiter la production en diminuant les effectifs de la main-d'œuvre qui y serait affectée. Alors une immense quantité de main-d'œuvre deviendrait disponible et pourrait être employée à l'exécution du plus vaste programme de travaux de mise en valeur, d'améliorations, d'embellissements, d'assainissements, qui ait jamais été conçu.

La surabondance de la main-d'œuvre, conséquence de la généralisation des méthodes scientifiques, telle serait donc la caractéristique de l'organisation nouvelle. Et c'est ce dont il faut bien se pénétrer pour comprendre que rien ne lui serait impossible.

Ce qu'il faut comprendre aussi, c'est que la possession

par la Nation de la totalité des moyens de production lui rendrait facile et rapide tout ce qui, sous le régime de la propriété privée, se heurte à des obstacles, à des retards.

S'agit-il d'aménager une chute d'eau? Il faut compter avec les droits des propriétaires riverains. Tel possesseur d'un arpent de rochers et de broussailles le long d'un torrent, où il pourrait à peine nourrir une chèvre, élève des prétentions phénoménales si on lui fait des propositions d'achat. S'il se montre trop intraitable, il faudra l'exproprier, ce qui ne sera possible qu'après avoir fait déclarer l'utilité publique. Or, l'utilité publique n'est pas toujours reconnue et elle comporte des formalités interminables.

Même procédure pour établir une route, un chemin de fer. Tout d'abord la fixation du tracé donne lieu, entre les intérêts opposés, aux luttes les plus violentes. Chacun fait jouer les influences politiques et administratives plus ou moins avouables dont il peut disposer pour attirer de son côté la bienheureuse voie de communication qui augmentera la valeur de ses domaines. Combien de fois des droits légitimes sont foulés aux pieds, au profit de privilèges injustifiés ! Il faut ensuite multiplier les enquêtes, les publications, traiter à l'amiable avec tous les propriétaires traversés ou les exproprier. D'énormes dossiers s'accumulent ; des années s'écoulent avant qu'on ait abouti.

Et ce n'est pas fini ! Il faut établir laborieusement le devis estimatif des travaux, puis les mettre à l'adjudication, car l'Etat, dans ses rapports avec les particuliers, craint toujours — et non sans raison — d'être volé. Toutes les formalités prévues aux règlements administratifs tendent à sauvegarder ses intérêts. Mais les dépenses qu'elles entraînent, le temps qu'elles font perdre amènent souvent le résultat opposé.

Avec la Société Nationale, seule propriétaire, seule constructeur, seule exploitant, toutes ces chinoiseries s'évanouissent. Un travail étant reconnu nécessaire, on procède aux études techniques et on passe à l'exécution.

Nous avons signalé au chapitre III les difficultés qu'oppose au progrès agricole le morcellement excessif de la propriété. Les Allemands, toujours plus pratiques que nous, ont établi une loi aux termes de laquelle, si les deux tiers des propriétaires d'une commune le demandent, il est procédé à un nouveau partage des terres. Chaque possédant reçoit en un seul lot l'équivalent de toutes ses petites parcelles dispersées. Notre organisation ferait plus vite et mieux encore, la Société Nationale, maîtresse de tout, n'ayant à tenir compte dans la délimitation des champs que des convenances de la culture.

Il existe en France 4 millions d'hectares de terres dont le rendement pourrait être sensiblement augmenté par le drainage. L'incurie, l'ignorance, la lésinerie du paysan, souvent aussi l'insuffisance de ses ressources, empêchent l'exécution de ces utiles travaux qui amélioreraient en même temps l'état sanitaire de nombreuses régions. La Société Nationale, en quelques années, en viendrait facilement à bout.

Elle défricherait et mettrait en rapport les vastes surfaces, landes, tourbières, pâtis, terres en friche que leurs propriétaires laissent improductifs et qui couvrent en France des millions d'hectares. Une œuvre de ce genre a été menée à bien par l'état prussien.

Après avoir donné dans les hautes vallées leur force motrice à l'industrie, les torrents des montagnes domptés, assagis, se répandraient dans les plaines par d'innombrables canaux d'irrigation pour y porter la fécondité. L'accroissement de richesse qui, par l'usage intégral des eaux d'arrosage utilisables, pourrait être obtenu, principalement dans le midi de la France, ne peut être évalué.

Et pourtant il ne représenterait qu'une faible partie de celui qui pourrait être obtenu par le même moyen dans nos colonies. Là les progrès à réaliser sont inimaginables.

D'ailleurs tout est à faire dans nos colonies en matière agricole. Même en Algérie où nous sommes installés depuis plus de quatre-vingts ans, les résultats atteints sont dérisoires, à côté de ce qu'ils devront être.

L'Afrique du Nord tout entière, dont les paysages affligent le regard par leurs aspects dénudés, se prête admirablement aux cultures arbustives. L'olivier en faisait la grande richesse à l'époque romaine. Des plantations méthodiques de cet arbre précieux, ainsi que du caroubier, du figuier, du mûrier, etc., qui y végètent on ne peut mieux, créeraient des ressources infinies.

Au Maroc les trois quarts de terres sont incultes. Il n'y a aucune exagération à affirmer que la production agricole de l'Afrique du Nord, dans son ensemble, pourrait être décuplée. Et la proportion est encore plus forte dans les autres colonies, plus éloignées et moins habitables.

On a parlé au chapitre III de nos immenses forêts coloniales, si riches en bois précieux, et du beau programme de reboisement des montagnes si bien étudié, mais dont on attend toujours l'exécution en France. Ce qui l'a empêché de se réaliser, c'est en grande partie l'imprévoyance et la parcimonie mal placée de nos gouvernants ; mais c'est beaucoup aussi les résistances de la population des régions intéressées. Les terrains à reboiser, affectés actuellement à la vaine pâture, devraient être mis en interdit pour protéger les jeunes arbres contre la dent du bétail. Les villageois d'alentour verraient donc diminuer de quelques unités leurs troupeaux de chèvres et de moutons ! Il a suffi de ce mince intérêt particulier, devenu un intérêt électoral par l'intervention des députés et sénateurs de ces régions, pour mettre en échec l'intérêt général de premier ordre qui s'attachait à l'opération projetée. Outre que le reboisement crée une valeur forestière, il assainit le pays, prévient les inondations, augmente et régularise le débit des cours d'eau.

On a également signalé au chapitre III les augmentations de rendement obtenues en Allemagne par de meilleurs procédés culturaux, et si supérieures à celles réalisées en France. L'esprit de routine de nos paysans, qui nous place dans cette situation humiliante, est entretenu par l'insuffisance de leurs connaissances et de leurs ressources. Si nos cultures étaient faites sur de vastes études d'un seul tenant, et dirigées par des techniciens compétents, ayant à leur disposition un matériel perfectionné avec tous les engrais et amendements nécessaires, opérant d'après les méthodes scientifiques, notamment pour la sélection des reproducteurs animaux et végétaux, l'alimentation du bétail, la rotation des cultures, le travail des terres, la récolte et la conservation des produits etc., nous ne tarderions pas, non seulement à égaler les Allemands, mais à les dépasser de beaucoup, à raison de l'excellence du terroir et du climat français.

En France, et surtout dans nos colonies, le sous-sol est loin d'avoir livré toutes ses richesses. Que de gisements y découvrirait une prospection méthodique ! Et que d'autres, déjà reconnus, restent inexploités faute de moyens de transport ! Une entreprise privée, même importante peut reculer devant la dépense d'un chemin de fer affecté spécialement à la mise en valeur de sa mine. La Société Nationale, possédant l'ensemble des richesses minières, forestières, agricoles d'une région, n'hésitera pas à y construire des voies ferrées qui seront largement alimentées par la circulation de l'ensemble de sa production.

D'ailleurs cette construction lui coûtera très peu et il en sera de même de tous les travaux qu'elle exécutera : elle n'aura pas à enrichir d'entrepreneurs et produira elle-même sur place ou dans un court rayon tous les matériaux nécessaires : pierre de taille, moellon, chaux, ciment, plâtre, briques, tuiles, carreaux, charpentes en bois ou en fer, etc.

Tous ces matériaux, de même que l'ensemble des produits industriels et agricoles, circuleront économiquement à travers le pays à l'aide de chemins de fer électriques et de canaux dont les réseaux seront notablement resserrés.

Que dire encore ? par la science et l'organisation, pas un coin de la terre française, continentale et coloniale ne restera improductif, toutes les forces de la nature seront mises en œuvre pour la satisfaction de nos besoins ; notre industrie, développée dans la plus large mesure des nécessités, réduira notre importation à des proportions infimes. Tel est l'avenir ouvert devant nous.

CHAPITRE IX

SOLUTION DE LA QUESTION FINANCIÈRE

Ici quelques contradicteurs ne manqueront pas d'observer qu'il est aisé de marcher vite ...en imagination, si on commence par faire abstraction des difficultés. Et ils nous rappelleront que nous avons laissé en suspens la question financière en laquelle nous voyions un inévitable écueil.

Nous ne l'avions pas oubliée ; mais elle se trouve résolue d'elle-même, ou si l'on préfère elle cesse d'exister dans l'organisation nouvelle. Le moment est venu de le démontrer.

Il est bien entendu tout d'abord que la dette flottante, aussi bien que la dette perpétuelle, sont transformées en actions de la Société Nationale.

Il en est de même des billets de banque existant chez les particuliers, sauf la provision nécessaire aux besoins courants, laquelle leur est laissée par l'échange des billets de banque contre les bons dont il va être parlé.

La Banque de France est liquidée. Ses actionnaires et créanciers reçoivent des actions de la Société Nationale jusqu'à concurrence de l'actif net. Ses billets sont supprimés. Ses stocks d'or et d'argent sont versés à la Trésorerie.

A la place des billets de banque, la Trésorerie émet des bons sur la production nationale de 5, 10, 20, 50, 100, 500 et 1000 francs.

Les particuliers sont invités à échanger l'or qu'ils peuvent avoir conservé contre des bons nouveaux. S'ils ne le font pas, il n'en résulte rien de fâcheux.

Les monnaies d'argent, de nickel et de bronze sont laissées dans la circulation pour servir d'appoint.

La Nation paye avec des bons les salaires et les dividendes des actions d'apport. Ses magasins livrent contre les bons tous les objets de consommation et d'usage divers. Les bons sortis du Trésor par les paiements y rentrent par les achats.

Voilà tout le système ! Il n'est pas compliqué, on le reconnaîtra.

Il nous reste à démontrer que jamais papier-monnaie n'aura eu un gage plus solide. C'est très facile.

Il suffit d'établir que la valeur globale de la production destinée aux usages particuliers sera exactement égale au montant des bons émis. Si cette égalité est certaine, nul doute que tout bon présenté aux magasins nationaux y trouvera, en marchandises, sa contre-valeur. En d'autres termes les bons étant payables en marchandises, il y aura toujours en magasins autant de marchandises qu'il y aura de bons en circulation, de sorte que le remboursement de tout bon sera assuré. Ce ne sera donc pas du papier en l'air ; mais du papier mieux gagé que le billet de la Banque de France, même en temps normal.

Or l'équivalence des bons émis aux marchandises produites résulte mathématiquement de la méthode d'évaluation ci-après :

Le prix de revient industriel d'un objet fabriqué actuellement est obtenu en totalisant le coût des trois éléments qui le constituent : matière première, main-d'œuvre, frais généraux.

La même base sera adoptée sous le régime nouveau pour l'évaluation de chaque objet produit, avec cette explication que, pour la Société Nationale, qui sera son propre fournisseur, la matière première et les frais généraux seront représentés par de la main-d'œuvre. Mais la Société Nationale, qui n'est pas un industriel ordinaire, supporte des dépenses d'administration générale, ou autrement dit de services auxiliaires qui doivent s'ajouter au prix de revient ainsi calculé. Ce sont notamment les dividendes des actions, la rétribution des services publics d'enseignement, d'hygiène, de voirie, d'assistance sociale, la construction des bâtiments, l'exécution des travaux divers, la fabrication du matériel, des engrais, et généralement de tout ce qui ne constitue pas un produit destiné à être vendu au public.

Toutes ces dépenses, faites dans l'intérêt commun, doivent être supportées par la généralité des citoyens. Elles doivent donc tout naturellement s'ajouter au prix de revient industriel pour former le prix de vente. Elles ne constituent pas pour l'Etat un bénéfice, mais le simple remboursement de ses avances.

Supposons maintenant, pour fixer les idées, que la dépense annuelle de fabrication des produits destinés à être vendus soit de 20 milliards et que celle des services auxiliaires soit de 10 milliards. Le prix de vente de l'ensemble de ces produits devra être de 30 milliards. Il y aura donc égalité entre les bons émis et les marchandises produites en un an.

Maintenant comment fixer le prix de chaque objet en particulier ? En majorant dans la proportion ci-dessus son prix de revient industriel établi par les méthodes ordinaires. Si ce prix industriel est de 20 francs, l'objet sera vendu 30 francs, soit une augmentation de 50 0/0. On sera mathématiquement assuré que la valeur totale de tous les objets pris en particulier équivaudra à la totalité des bons émis.

Donc rien de plus simple ni de plus sain que le système financier de la Société Nationale.

Répétons pour la dixième fois que ce petit livre ne peut entrer dans l'examen des cas particuliers.

Nous savons très bien qu'entre le moment où la Société Nationale sera fondée et celui où elle fonctionnera normalement, après avoir absorbé toutes les petites entreprises, il s'écoulera une période de transition au cours de laquelle on marchera sur des à peu près.

Nous n'ignorons pas non plus que, même après être entrée dans la période de fonctionnement normal, elle tâtonnera un an ou deux avant d'avoir déterminé exactement la consommation de chaque produit, ce qui l'exposera à dépasser les quantités nécessaires ou à rester au-dessous.

Enfin nous savons que le prix de certains objets ne pourra être établi sur les bases ci-dessus indiquées, notamment celui des objets d'art et de luxe qui restera réglé comme aujourd'hui par la loi de l'offre et de la demande.

Mais on résoudra toutes les difficultés en intensifiant la production de façon à dépasser les besoins plutôt que de s'exposer à rester au-dessous. On pourra toujours se défaire à l'étranger des excédents, ou les mettre en réserve, et même s'ils devaient être perdus il n'en résulterait aucune gêne.

Dans la période préparatoire, on prendra comme base les salaires et les prix de vente actuels des produits et on s'en écartera le moins possible. De cette façon, si l'on n'arrive pas à l'équivalence mathématique entre les bons émis et les produits fabriqués, on s'en rapprochera sensiblement; il n'y aura pas de troubles sérieux dans la marche de l'organisation nouvelle, et dès qu'elle sera bien assise, l'équilibre se rétablira aussitôt.

La question du change avec l'étranger sera supprimée, comme les autres difficultés, en ce moment si graves. La Société Nationale, seul exportateur et seul importateur, utilisera pour ses achats son stock d'or quand elle ne pourra pas les régler simplement en les compensant par ses ventes.

Avions-nous raison d'annoncer qu'avec l'organisation nationale, les difficultés financières se trouvaient résolues?

CHAPITRE X

SOLUTION DE LA QUESTION SOCIALE

Comme le problème financier, le problème social se résout de lui-même.

Il consiste non à faire régner entre tous les citoyens une égalité de fortune qui serait une autre forme de l'injustice, mais à assurer à chacun une rémunération en rapport avec ses services, en garantissant à tous un minimum largement suffisant pour subvenir à leurs besoins.

La supériorité de la civilisation vraie sur la sauvagerie, c'est qu'au lieu de laisser l'individu en butte aux forces hostiles de la nature, elle le couvre du manteau de la solidarité sociale et fait une réalité effective de ce droit à l'existence que tout être humain apporte en naissant et qui a été vainement proclamé jusqu'à ce jour.

Cette proclamation ne pouvait d'ailleurs que rester stérile jusqu'au moment où la science mettrait aux mains de l'homme des moyens de production assez puissants pour pourvoir à sa subsistance. Ce moment est arrivé. Si dès à présent la surabondance de toutes choses n'existe pas encore, cela tient à la mauvaise organisation, ou mieux à l'absence d'organisation économique.

Quiconque a compris le chapitre VIII ne peut douter que la Société Nationale soit en état d'élever la production à un point tel qu'il soit facile d'assurer à la classe non possédante des moyens d'existence tout à fait satisfaisants, sans avoir à réduire le bien-être, ni même le luxe des riches.

La quantité des objets utiles à la vie, tout est là ; or ce but est atteint.

La question sociale est principalement, mais non exclusivement la question ouvrière. Elle comprend, sous sa forme la plus générale, le libre développement de l'individu dans la société et son accession à des avantages proportionnels aux services qu'il peut lui rendre.

Voyons donc comment le régime nouveau pourra assurer la justice distributive :

Deux mots d'abord des anciens possédants, porteurs d'actions d'apport.

Les mots : *intérêts, dividendes, revenus,* expriment mal la nature de leur rémunération. En réalité ils recevront des bons sur la production nationale jusqu'à concurrence de leur revenu antérieur, sans avoir par conséquent à gagner ni à perdre à la transformation ; non compris d'ailleurs ce qu'ils pourront recevoir s'ils mettent au service de la Société leur travail personnel.

En dehors des porteurs d'actions d'apport qui toucheront

une part des produits sans travailler, mais qui disparaîtront dans l'espace d'une génération ou deux, par l'amortissement de leurs actions, il n'y aura pas de classes dans la société nouvelle : tous ses membres seront au même titre des travailleurs. Il n'y aura de différences entre eux que celles résultant de leur intelligence, de leurs facultés d'action et de l'usage qu'ils en feront au profit de la société.

Ecartons ici l'objection si souvent faite malgré son évidente absurdité : Et ceux qui ne voudront pas travailler ?

Ceux-là, s'ils ne possèdent pas d'actions d'apport ni de réserves de bons de production suffisantes pour assurer leur existence, feront ce qu'ils font aujourd'hui : ils mourront de faim. Mais combien rencontrera-t-on de ces fous ? Par humanité, la société nouvelle pourra les traiter en malades et leur donner, sur leur demande, le pain quotidien, un abri et une paillasse, mais rien de plus pour les empêcher de prendre goût au métier de parasite.

En dehors des quelques déséquilibrés qui se mettront à ce régime, la population valide tout entière donnera de grand cœur son concours à l'œuvre commune, et d'autant plus volontiers qu'en aucun cas le travail, allégé par la science, ne sera prolongé, pénible ou dangereux.

Quant à la partie de la population qui ne pourra participer au travail : enfants, vieillards, débiles, malades, infirmes, elle aura droit au minimum indispensable pour assurer sa subsistance. Et ce minimum, étroit au début, s'élargira très vite au fur et à mesure du développement de la production.

Quant aux travailleurs adultes et valides, leur salaire de

base correspondra au même minimum. Ils recevront des augmentations proportionnelles aux services rendus. On pourra créer plusieurs catégories de travailleurs, la dernière recevant le minimum et les autres des majorations. Les travailleurs capables et laborieux pourront ensuite devenir contremaîtres, ingénieurs, directeurs d'usine, etc. Toutes les carrières seront ouvertes au mérite.

Quant aux savants, quant aux inventeurs, quant aux administrateurs éminents, à tous ceux dont les services seront hors de pair, au lieu des situations souvent médiocres que leur attribue l'Etat actuel, ils seront traités comme les directeurs des grands trusts américains, comme les bourgmestres des grandes villes allemandes. Jamais des hommes aussi utiles ne seront trop récompensés en honneurs et en profits matériels.

Qu'on n'objecte pas l'impossibilité d'assurer avec une parfaite équité la rémunération des services rendus au corps social. La perfection absolue est évidemment une chimère. Il suffit de s'en rapprocher suffisamment. Or la grande source des injustices actuelles, l'opposition d'intérêts entre l'employeur et l'employé, qui pousse le premier à s'approprier la plus forte part possible des fruits du travail, cesse d'exister. Ni la Nation, ni aucun de ses membres n'a intérêt à priver l'un d'eux d'une partie de ce qui lui revient légitimement. Dès lors il suffit d'entourer l'obtention des récompenses de garanties bien conçues, pour faire disparaître la presque totalité des abus qui, aujourd'hui, démoralisent les citoyens dévoués au bien public.

Il y aura toujours des mécontents, dira-t-on. Soit. N'est-ce rien que d'en réduire le nombre des dix-neuf vingtièmes et d'ôter aux griefs du dernier vingtième leurs meilleurs fondements? Les esprits chagrins que rien ne peut satisfaire ne sont que des cas psychologiques : le législateur doit les négliger.

Que demande la classe ouvrière raisonnable, la seule dont les revendications méritent d'être prises en considération?

1° Du travail.

2° Un salaire suffisant pour pourvoir aux besoins de la famille, en ajoutant un peu de superflu au strict nécessaire.

3° La certitude que le travail ne manquera pas dans la période de validité.

4° L'assistance sociale en cas de chômage involontaire, d'accident, de maladie.

5° La possibilité de s'élever dans la hiérarchie sociale selon les aptitudes et les services.

6° Une retraite assurant à la vieillesse un peu plus que le morceau de pain sec qu'on lui jette actuellement, et que tous ne reçoivent même pas.

7° La certitude que la femme et les enfants n'auraient pas à souffrir matériellement de la mort du chef de famille.

Dans une société donnant satisfaction à tous ces *desiderata*, il n'y aurait plus de pauvres, il n'y aurait plus de question sociale, c'est bien évident.

Or notre organisation réalise ces aspirations de la manière la plus large. Les conditions d'existence des travailleurs, déjà excellentes par le seul fait de la transformation sociale, s'amélioreront constamment, tant par l'amortissement des actions d'apport, qui supprimera une charge assez lourde, que par les progrès continuels de la technique qui accroîtront le rendement de l'effort humain et grossiront la part de chacun dans l'ensemble des produits.

CHAPITRE XI

AUTRES SOLUTIONS

Quand une organisation sociale repose sur un principe faux, tout y est défectueux, et les retouches qu'on peut essayer d'y apporter sont inopérantes. On ne réussit à guérir un mal partiel qu'en en créant un autre, parfois plus grave.

Au contraire, des institutions fondées sur la logique et l'équité se développent dans une belle harmonie ; elles n'ont à résoudre aucune difficulté parce qu'elles les empêchent de naître.

Nous avons vu déjà que notre Société Nationale, en permettant la mise en valeur complète de la France et de ses colonies, nous dispensera de nous lancer dans la voie décevante d'une extension démesurée de notre exportation, et qu'en outre elle supprimera tout net les problèmes financiers et sociaux, si troublants.

Mais sa puissance souveraine ne connaît pas de limites et

nous allons voir que par le fait seul de son existence, toutes les autres grandes questions cessent de se poser.

D'abord, avec la misère, disparaîtra tout son cortège de maux et en premier lieu la prostitution dont elle est presque la cause unique. Ce n'est pas par vocation mais par besoin que tant de malheureuses embrassent cette triste carrière ; c'est parce qu'elles ne trouvent pas de travail ou qu'un travail pénible et trop mal payé. Mais quand elles seront assurées de bons salaires ou de larges secours, que séduites et devenues mères, elles seront, ainsi que leur enfant, à la charge de la société, elles ne chercheront plus un refuge dans ce cloaque. D'autre part les hommes, qui ne redouteront plus les charges de la famille, se marieront jeunes et cesseront de consacrer leurs plus belles années à la débauche, dont la clientèle sera ainsi bien diminuée. Et comme aucune préoccupation d'intérêt ne souillera plus le mariage, ils épouseront les jeunes filles qu'ils aimeront et ne chercheront pas ailleurs des plaisirs équivoques. Le foyer sera purifié et la rue assainie.

A propos de cette question, observons que l'émancipation économique de la femme sera complète ; son existence ne dépendra ni d'un patron, ni d'un mari, ni de ses parents ni de ses enfants. Tout ce qu'il y a de raisonnable dans les revendications des féministes sera donc réalisé.

Avec la prostitution disparaîtront les maladies qu'elle propage et qui empoisonnent l'humanité dans ses sources.

Une autre cause effroyable de dégénérescence, l'alcoolisme, sera également supprimée. La Nation, seul fabricant et seul vendeur de tous les produits, cessera de faire et de vendre de l'alcool de bouche. L'importation en sera naturellement interdite. On cessera donc d'en consommer. Jusqu'à ce jour les intentions du législateur sont restées lettre morte à cause de l'immensité des intérêts engagés dans l'industrie et le commerce de l'alcool, et aussi des ressources considérables qu'y trouve le fisc. A partir du moment où il n'y aura plus ni intérêts privés pour faire échec à l'intérêt général, ni besoins fiscaux, tout deviendra facile.

La médecine reconnaît que la plupart des maladies et notamment la tuberculose qui est la plus redoutable, seraient évitables par une meilleure hygiène. Là aussi on se heurte à chaque pas à l'intérêt privé : le propriétaire tient à conserver ses vieilles masures qui sont des foyers d'infection mais qui lui font de beaux revenus ; l'industriel économise des frais généraux en resserrant ses ateliers dans des locaux exigus, mal aérés, mal éclairés ; l'industrie d'alimentation retire d'ailleurs d'autres bénéfices, moins avouables mais encore plus grands, de la falsification de ses produits. La lutte contre la fraude, qui est partout et de tous les instants, est forcément inefficace. D'autre part l'insuffisance des salaires entraîne celle de l'alimentation ; la misère surpeuple les taudis. Si on entre dans l'examen approfondi de chaque question, on se rend compte qu'une bonne organisation sociale appliquant intégralement les données scientifiques dans l'hygiène du travail, de l'habitat, de l'alimentation, et dans la prophylaxie des maladies épidémiques et contagieuses, supprimerait presque toutes les maladies. Quand, après trois ou quatre générations, l'élimination des éléments morbides serait complète, l'humanité, si profondément affaiblie, retrouverait toute sa vigueur.

Et dans ces conditions, le problème, si inquiétant pour la France, de la dépopulation ne serait-il pas pleinement résolu ? Augmentation de la natalité du fait des mariages jeunes et de la prise en charge des enfants par la Nation ; diminution de la mortalité par suite d'une hygiène parfaite. Notre race pourrait reprendre sa place dans le monde.

Le niveau intellectuel se relèverait d'après la même courbe que le niveau moral : d'abord la durée du travail se trouvant très réduite par l'emploi généralisé des machines et procédés scientifiques, chacun aurait des loisirs que la plupart consacreraient à cultiver leur intelligence, seul plaisir dont on ne se lasse jamais. La multiplication des bibliothèques, des musées, des cours, faciliterait d'ailleurs cette culture. Mais cette question de l'instruction est trop importante pour qu'on ne lui consacre pas un peu plus de place.

La Société Nationale, en même temps qu'elle portera au maximum l'utilisation des éléments matériels de la production, s'attachera à tirer tout le parti possible des éléments humains, plus précieux encore. Que de talents n'arrivent pas aujourd'hui à se faire jour faute d'avoir été fécondés par l'instruction ! Que de situations importantes sont confiées à de jeunes fruits secs dont les parents riches ont pu pousser les études, alors que des intelligences de premier ordre, non cultivées, croupissent dans les emplois inférieurs ! Qui chiffrera les pertes subies de ce fait par la société actuelle !

Il est pourtant bien simple de les éviter : il suffit d'établir la gratuité de l'instruction à tous les degrés, mais en réservant les degrés supérieurs aux sujets sélectionnés. Ainsi égalité du point de départ : tous les enfants, quelle que soit la situation de leurs parents, vont s'asseoir sur les bancs de l'école primaire. Seuls les meilleurs élèves sont admis dans les lycées ; seuls les meilleurs élèves des lycées reçoivent l'enseignement supérieur. De cette façon, aucune valeur n'est perdue et chacun est appelé aux fonctions dont il a les aptitudes.

Ajoutons qu'un bon système d'enseignement professionnel généralisé correspondant aux trois échelons de l'enseignement théorique, apportera à celui-ci un indispensable complément.

La politique de la France se bornant à mettre en valeur son territoire, et réduisant au minimum son commerce extérieur, ne pourra en aucun cas porter ombrage à d'autres puissances et provoquer des conflits susceptibles d'aboutir à des guerres. Il est évident que si toutes les nations suivent cet exemple, l'humanité connaîtra enfin les douceurs de la paix définitive. Mais on peut prévoir le cas où certains pays persévéreraient dans les errements qui ont déchaîné la tourmente actuelle et où la France pacifique serait encore obligée de défendre son existence. S'il devait en être ainsi, la Société Nationale lui donnerait des ressources et des forces telles que les peuples les plus agressifs hésiteraient à l'attaquer. Sans se perdre dans le détail des mesures à prendre, on conçoit fort bien que les immenses disponibilités de main-d'œuvre créées par l'organisation pourraient être affectées aux fabrications de guerre et à la constitution de très importantes réserves de matières premières.

Avec le régime actuel, malgré la ferme volonté de la plupart des Français de rompre les rapports commerciaux avec les Allemands et surtout de les empêcher de s'infiltrer de nouveau chez nous et d'y créer des établissements, on se demande comment il sera possible d'y parvenir. Les marchandises sauront prendre une honnête apparence de neutralité pour franchir nos frontières en faisant les détours nécessaires. Et d'ailleurs quel commerçant sera assez pur patriote pour refuser des produits avantageux parce qu'ils ont été *made in Germany ?* Après quelques hésitations, il fera ce que lui conseille son intérêt. D'autre part, après le rétablissement de la paix, ne serait-ce pas une violation inadmissible des principes du droit international que d'interdire notre territoire à nos ennemis de la veille ? Aucun gouvernement n'osera soumettre au Parlement de pareilles dispositions. Donc peu à peu on en reviendra aux pratiques d'avant guerre.

L'organisation nationale, au contraire, n'a pas besoin d'édicter des lois d'exception. Les Allemands pourront venir chez nous en touristes s'ils y trouvent du plaisir. Mais leurs marchandises n'y pénètreront que dans la mesure fixée par nous-mêmes ; et comment pourraient-ils y créer des maisons de commerce, des industries, des banques, et y acquérir des propriétés immobilières lorsqu'il n'y aura plus d'entreprises privées ?

On pourrait, après cette rapide revue des questions essentielles, presque toutes insolubles par le régime actuel, énumérer par le détail toutes les questions secondaires ; on n'en trouverait aucune qui pût continuer à se poser avec l'organisation nationale.

CHAPITRE XII

OBJECTIONS ET RÉPONSES

Des nombreuses objections qui peuvent se présenter à l'esprit du lecteur, insuffisamment renseigné par ces exposés trop sommaires, nous ne pouvons prévoir et réfuter que les principales. Qu'on veuille bien croire qu'il ne serait pas plus malaisé de répondre aux autres.

L'homme est, dit-on, un égoïste incurable. Il ne se donne de peine que s'il doit en retirer un profit personnel. Le ressort de son activité est brisé s'il doit travailler pour une collectivité. On peut donc penser que loin d'être accrue, la production baissera. Mais cette crainte est sans fondement.

Il est certain que le paysan qui cultive sa terre, que l'artisan qui actionne son métier, fournissent une somme d'efforts bien supérieure à celle qu'on peut obtenir d'un journalier agricole ou d'un ouvrier d'usine. Mais tout en travaillant davantage ils produisent moins parce qu'ils ne peuvent, dans leur petite exploitation, disposer que d'un outillage rudimentaire. Et c'est pourquoi les petites entreprises disparaissent partout devant les grandes.

Or la Société Nationale sera placée dans des conditions meilleures que les grandes entreprises actuelles. D'abord son outillage et ses procédés techniques seront toujours à la hauteur des derniers perfectionnements. Puis si inconscients qu'on suppose les travailleurs, ils ne pourront pas ne pas se rendre compte qu'ils profitent pour une part des fruits de leur labeur. D'ailleurs ils ne tarderont pas à s'apercevoir que l'activité dans le travail a pour effet de diminuer la durée de la journée et de multiplier les jours de repos, tandis que la paresse conduit au résultat contraire puisqu'il faut que la production atteigne le minimum fixé.

On exagère peut-être un peu la portée du stimulant de l'intérêt personnel puisque les plus belles découvertes scientifiques ont été l'œuvre de savants désintéressés. Toutefois il serait puéril de lui dénier toute valeur. Mais l'organisation nationale ne le ferait nullement disparaître. Non seulement chacun serait récompensé par des avantages matériels et honorifiques des services rendus par lui, et cela dans une large mesure, mais il aurait d'avance la certitude que cette récompense ne lui ferait pas défaut, tandis qu'aujourd'hui, que d'industriels, de commerçants voient couronner par la faillite une existence laborieuse, que d'inventeurs n'arrivent pas à trouver l'indispensable commandite, ou doivent, pour l'obtenir, lui abandonner la plus grande partie, sinon la totalité de leurs avantages !

La Société Nationale ne peut avoir aucune raison de marchander à quiconque lui apporte une découverte utile, ou simplement la sert avec zèle dans l'exercice de ses fonctions, une rémunération satisfaisante de ses travaux qui serait en même temps un encouragement.

Il est vrai que la Société Nationale, être collectif et abstrait, s'incarnera dans des hommes. Mais aucun de ceux qui seront appelés à décerner en son nom la récompense due au mérite et au dévouement n'aura personnellement à perdre si peu que ce soit en l'accordant pleine et entière. L'avantage que pourra recevoir un citoyen ne sera jamais au détriment d'un autre. Ce sera l'une des plus incontestables supériorités de l'organisation nouvelle de donner à l'aiguillon de l'intérêt particulier son maximum d'efficacité, tout en supprimant l'opposition entre les intérêts particuliers qui est pour la société actuelle une grande cause de faiblesse. C'est elle, en effet, qui gaspille tant de précieuses énergies et engloutit tant de capitaux dans les luttes stériles de la concurrence, dont la Nation, prise dans son ensemble, ne retire aucun profit. C'est elle qui ouvre un conflit permanent et ruineux entre les patrons et les ouvriers. C'est elle qui engendre les pires abus et les pires injustices. A ce funeste antagonisme, la Société Nationale substitue le parallélisme fécond des intérêts particuliers entre eux et de chacun d'eux avec l'intérêt général.

On objectera encore que, malgré les justes critiques soulevées contre les administrations de l'Etat, l'organisation nationale doit leur confier la direction de toute la vie sociale, et qu'avec elle tout le monde sera fonctionnaire, ce qui passera difficilement pour un progrès.

Mais il faut voir les choses de près, discerner ce qu'il y a de fondé de ce qui est excessif dans les imputations dirigées contre l'Etat et déterminer les causes de celles qui sont justifiées.

D'abord, on reproche à l'Etat de payer toujours plus cher que ne le font les entreprises privées. Ce qu'il y a de vrai dans ce reproche se retourne contre les fournisseurs de l'Etat qui, trop souvent, abusent de l'insuffisance de son contrôle.

On lui reproche d'aller trop lentement. Mais les formalités excessives qui causent ces lenteurs ont été introduites dans ses règlements comme une protection contre les entreprises privées qui cherchent constamment à s'enrichir à ses dépens.

D'ailleurs l'Etat actuel n'a rien de commun avec l'organisation que nous avons en vue.

L'Etat actuel est basé sur un principe tombé en désuétude. Toutes ses institutions fondamentales tendent à faire de lui uniquement le gardien de l'ordre, le reste étant laissé à l'initiative privée. L'Etat est donc créé non pour agir, mais pour s'opposer à des actions novatrices qui arriveraient à changer l'ordre établi. Là est le secret de la force d'inertie par laquelle la bureaucratie fait échec à toute tentative de progrès, soit extérieure à elle-même, soit intérieure. L'Etat actuel n'est pas un moteur ; c'est un frein. Sur la conception primitive de son rôle s'est greffée une tradition favorable au développement des qualités négatives qui distinguent nos employés et fonctionnaires — sauf quelques exceptions honorables — et dont la plus caractéristique est l'irresponsabilité.

Dans l'organisation nationale, l'Etat cesse d'être *administratif* pour devenir *administrateur*. Tout le monde étant fonctionnaire il n'y a plus de fonctionnaires, au sens actuel de ce mot, qui désigne une caste en opposition avec le public et dans laquelle, selon le mot de Paul-Louis Courier, on a de l'importance en proportion du mal qu'on peut faire.

La Société Nationale est divisée en un certain nombre de grands trusts, autonomes quoique reliés les uns aux autres, et rattachés à un organe central qui coordonne leurs efforts. Il y a le trust de la métallurgie, celui du textile, celui des produits chimiques, etc. Chacun est divisé en branches spéciales, autonomes également. Enfin chaque branche groupe un certain nombre d'établissements.

A la tête de chaque division est placé un chef compétent et ayant toute l'autorité que nécessite la bonne marche du service. Lui comme tous ses subordonnés est traité selon les résultats qu'il obtient : avancement à ceux qui réussissent, stagnation ou rétrogradation à ceux qui échouent. Partout la même responsabilité qu'on trouve dans les entreprises actuelles bien conduites. Pourquoi les services nationaux ne fonctionneraient-ils pas aussi bien qu'elles? Et si chaque service pris distinctement est prospère, pourquoi l'ensemble ne le serait-il pas ?

Il est facile de démontrer que les services nationaux marcheront non seulement aussi bien, mais beaucoup mieux que les entreprises actuelles. Leurs directeurs, en effet, seront affranchis de la plus grande et de la plus pénible partie des préoccupations qui absorbent toutes les facultés des industriels privés. Ils n'auront ni à réunir des capitaux parfois peu empressés à s'engager, ni à s'assurer par des traités aléatoires des matières premières à bon marché, ni à organiser l'écoulement de leurs produits en recherchant sans cesse des clients à l'intérieur et à l'extérieur, ni à prendre des informations sur la solvabilité de ceux-ci, ni à établir des factures, à faire des traites, à les escompter, à régler les litiges, etc. Qu'on calcule le temps perdu et l'intelligence dépensée par la plupart de nos industriels pour faire face à ces ingrates besognes !

Nos directeurs, au contraire, n'auront aucun de ces soucis : ils passeront une fois par an la commande de tout ce qui leur sera nécessaire en matériaux, matériel, etc., et le recevront régulièrement selon leurs besoins. Ils livreront leurs produits non moins régulièrement à d'autres services sans avoir à en assurer l'écoulement. Ils pourront donc se donner exclusivement à la partie technique de leur tâche et il est impossible qu'ils n'arrivent pas à la pousser à son plus haut degré de perfection.

Remarquons enfin que la Société Nationale, n'ayant d'autre fournisseur qu'elle-même, ne sera pas pillée comme l'Etat actuel chaque fois qu'il traite avec des particuliers, que toutes les formalités prescrites pour la défense de ses intérêts devenant inutiles, tout ira plus vite, qu'enfin étant propriétaire du sol, elle n'aura pas à compter avec les onéreuses lenteurs de l'expropriation pour cause d'utilité publique. Qu'on réfléchisse un moment à la multiplicité des obstacles qu'oppose la propriété privée à toutes les tentatives faites dans l'intérêt général et on se rendra compte du progrès réalisé.

L'opinion, en général, est peu favorable au régime parlementaire, dont une pratique de près d'un demi-siècle a mis en relief les lacunes et les défauts. Certains pourront donc redouter de confier la gestion de la fortune nationale à une assemblée issue du suffrage universel qu'ils jugeront incompétente.

Mais cette crainte est sans fondement car, en admettant même que, dans l'ensemble, les erreurs du suffrage universel ne se corrigent pas mutuellement, on peut les éviter par de nombreux moyens dont nous indiquerons un ou deux.

D'abord il doit être bien admis que quand le peuple a délégué ses pouvoirs à des mandataires, il cesse de les exercer lui-même. Le Parlement transmet aux ministres, au Président de la République une partie de ces pouvoirs, et ces hauts fonctionnaires se trouvent ainsi investis par le corps électoral de la souveraineté dont il est dépositaire. Eux seuls donc désignent et dirigent les chefs de service, et on ne va pas recourir de nouveau au principe de l'élection pour les nommer. Ce serait d'ailleurs absurde, car une fraction du suffrage universel pourrait s'opposer à la volonté générale exprimée par la Chambre et le Gouvernement, et créer une dangereuse anarchie.

Ensuite il n'y a aucune raison, si l'on croit cette garantie nécessaire, pour ne pas faire désigner par des professionnels compétents les ministres techniques. Le ministre de l'Industrie, par exemple, peut parfaitement être nommé par un collège restreint composé des chefs d'industrie et des ingénieurs. Il peut aussi être assisté d'un Conseil supérieur composé des notabilités industrielles et des savants, élus par leurs pairs. On ne dira pas que ce sera le règne de l'incompétence. Les ministres techniques resteront naturellement responsables devant le Parlement ; mais leur responsabilité pourra être individuelle et ils ne seront forcés de se retirer que si leur administration est l'objet d'un blâme direct. Rien de plus simple en somme que de concilier les nécessités d'une bonne gestion avec les principes qui sont le fondement des libertés publiques.

On comprend que nous ne pouvons entrer dans les détails de l'organisation ; mais la facilité avec laquelle nous répondons aux objections principales montre suffisamment que nous ne serions pas embarrassés pour réfuter les secondaires.

Notre proposition sera, nous ne l'ignorons pas, l'objet de bien d'autres reproches. Aux yeux des adversaires irréductibles du socialisme, elle paraîtra entachée de socialisme d'Etat. La plupart des socialistes, au contraire, ne reconnaîtront pas sous ses traits le régime dont ils se font une opinion plus ou moins vague d'après leurs lectures.

Est-ce trop demander aux uns et aux autres que de les

prier de s'affranchir de la tyrannie des mots pour s'attacher aux idées ?

Ceux qui auront fait cet effort accepteront facilement ensuite la formule qui, en résumant cet ouvrage, nous paraît traduire les aspirations présentes de la plupart des Français :

ORGANISATION, COMPÉTENCE, RÉSPONSABILITÉ.

Juin 1917.

TABLE DES MATIÈRES

Saint-Amand (Cher). — Imprimerie Bussière.

www.ingramcontent.com/pod-product-compliance
Ingram Content Group UK Ltd.
Pitfield, Milton Keynes, MK11 3LW, UK
UKHW021558260726
13993UKWH00002B/915

9 782019 940188